Salvatore Cusumano

L'arcipelago delle coscienze

AF548834

Salvatore Cusumano

L'arcipelago delle coscienze

Molteplicità degli Io e dissociazione in psicologia filosofica

Edizioni Sant'Antonio

Imprint
Any brand names and product names mentioned in this book are subject to trademark, brand or patent protection and are trademarks or registered trademarks of their respective holders. The use of brand names, product names, common names, trade names, product descriptions etc. even without a particular marking in this work is in no way to be construed to mean that such names may be regarded as unrestricted in respect of trademark and brand protection legislation and could thus be used by anyone.

Cover image: www.ingimage.com

Publisher:
Edizioni Accademiche Italiane
is a trademark of
International Book Market Service Ltd., member of OmniScriptum Publishing Group
17 Meldrum Street, Beau Bassin 71504, Mauritius
Printed at: see last page
ISBN: 978-613-8-39380-1

Copyright © Salvatore Cusumano
Copyright © 2020 International Book Market Service Ltd., member of OmniScriptum Publishing Group

INDICE

INTRODUZIONE

Il desiderio di scrivere questo testo nasce dall'esigenza di far riscoprire l'amore per la filosofia, oggi spesso trascurata dalla psicologia moderna. Perseguendo questo scopo, si è cercato di dare spazio agli autori, a mio avviso, più originali della filosofia della mente della seconda metà dell'800.

Lo scritto si presenta come una via di mezzo tra filosofia antropologica e della mente e psicologia dinamica ed è stato ispirato dalla lettura del *Manuale di pedagogia generale. Fondamenti di una pedagogia culturale dell'anima* di Mario Pollo (FrancoAngeli, 2008), testo che mi ha fatto conoscere i *Médecins philosophes* e che mi ha confermato che la filosofia può offrire ottimi spunti, ancora oggi, alla psicologia e alle scienze umane moderne.

Altri approfondimenti sono stati tratti dal testo di Remo Bodei *Destini personali. L'età della colonizzazione delle coscienze* (Feltrinelli, 2009), da cui trae ispirazione quello del professor Mario Pollo; ulteriori spunti hanno offerto le opere dei *médecins philosophes* e di Friedrich Nietzche.

Lo scritto inizia illustrando come scoperte scientifiche della prima metà dell'800, soprattutto quella della cellula, hanno dato l'incipit a un cospicuo numero di autori per le più svariate teorie su essere umano e psiche, influenzando filosofi, psicologi, psichiatri e romanzieri.

Il tema centrale è l'instabilità della psiche (composta da un certo numero di cellule) e la molteplicità di "io" e coscienze nell'essere umano.

Il primo autore di spicco citato è Taine (filosofo, esponente del naturalismo francese) che ha dato risalto all'idea dell'instabilità di base della psiche, constatando come il confine tra sanità e follia sia molto labile, anzi, assumendo che l'essere umano non sarebbe altro che un folle o un selvaggio addomesticato dalla società.

Il testo prosegue con le deduzioni dei tre medici filosofi che hanno aperto la strada alla nascita della psicologia dinamica: Ribot ha affrontato temi come malattie della personalità, logica regressiva dei sentimenti, dissociazione psichica;

Binet ha inventato uno dei primi test per la misurazione del quoziente intellettivo ed ha dato un grande contributo allo studio delle identità multiple;

Janet ha studiato le condizioni isteriche, il trauma, la dissociazione e ha dato un contributo rilevante per la nascita della psicoanalisi.

Il secondo e ultimo capitolo riporta il pensiero di Nietzsche, che, pur essendo un filosofo,da un lato ha preso spunto dalle idee di Taine e Ribot per costruire nuove teorie sulla molteplicità e precarietà della coscienza e dell'io e dall'altro ha utilizzato il pensiero di Darwin e Spencer per spiegare la natura gregaria dell'uomo e la nascita della morale.

Lo scritto può anche essere letto come un incoraggiamento per i prossimi sviluppi della psicologia dinamica, e non solo, e per favorire ulteriori approfondimenti delle teorizzazioni sulla psiche del tempo, secondo me, utilissime in ambito clinico.

CAPITOLO I

I *médecins philosophes* e la natura dissociativa della psiche e dell'io

I.1. Dalla cellula alla psiche

Grazie a Cartesio, nel '600, nascono la filosofia moderna e le nuove concezioni di anima. Attraversando vari scenari e concezioni si arriva fino all'ultima concezione dell'anima integra ed unitaria, seppur determinata dalle logiche della semplice volontà di portare avanti la specie, ossia quella di Schopenhauer; ma in questo periodo storico accade qualcosa di molto particolare.

Nel 1838 Matthias J. Schleiden (Amburgo, 1804 - 1881 Francoforte; botanico tedesco) e l'anno successivo Theodor Schwann (Neuss, 1810-1882; zoologo tedesco) scoprono e dimostrano l'esistenza dell'unità base di tutti gli esseri viventi: la cellula. Rudolf Virchow (Schivelbein, 1821 - 1902, Berlino) qualche anno dopo aggiunge un' ulteriore scoperta: ogni cellula deriva da un'altra cellula e il passaggio dagli organismi monocellulari a quelli pluricellulari comporta l'aumento della complessità di quest'ultimi e anche la loro instabilità (M. Pollo, 2008, pp. 142-143).

Da qui in poi, le scoperte citologiche diventano nel 1800 la spiegazione di tutti i fenomeni psichici e sociali; se, ad esempio, un sistema non riesce a gestire più la complessità che è arrivato ad avere, può regredire verso stadi già esistenti e quindi è come se il passato non passasse mai, come d'altronde le concezioni di "eterno ritorno" di Nietzsche e in generale la patologia per Freud.

Un'altra scoperta che viene dalla citologia è quella che, dal passaggio dal semplice al complesso le cellule via via perdono di indipendenza e per ragioni di sopravvivenza si sottomettono al "volere" di un comando centralizzato, un centro egemone, una cellula autonoma che guida le altre.

Quest'ultima scoperta, però, messa sotto prova scientifica agli inizi del '900, si dimostra errata nonostante aver per diversi decenni influenzato non solo le spiegazioni dell'identità personale, ma anche le concezioni di potere, stato e monarchia, credendo che per governare un popolo bastasse sempre il controllo assoluto di un'unica persona.

Sempre nello stesso periodo un'altra scoperta, leggermente diversa nelle conseguenze, sarà quella derivata dagli studi sui comportamenti dei polipi corallini che vivevano in colonie: se uno di essi veniva sfiorato, si richiudeva immediatamente nella guaina calcarea e, cosa ancora più sbalorditiva, era subito seguito dagli altri nello stesso comportamento; questa scoperta è ancora oggi alla base di molte concezioni della psicologia sociale e della sociologia, come, ad esempio, gli studi sull'influenza sociale e sul conformismo.

La suddetta scoperta, va inoltre, ad influenzare in quel periodo le concezioni del funzionamento dell'identità personale, prima con Hippolyte-Adolphe Taine (Vouziers 1828 – 1893 Parigi), poi con i cosiddetti "medici filosofi".

I.2. Taine e la psiche umana.

Prima di incorrere in fraintendimenti, vorrei dare delle definizioni per i seguenti termini basandomi sulle concezioni della maggioranza degli studiosi che ho incontrato nel mio percorso:

- "anima" etimologicamente significa "soffio di vita" e proviene dalla traduzione del greco *psichè*, quindi per comodità tralascio in questo scritto tutti gli altri significati, riconducendola ad un concetto intimamente legato al corpo;
- "io" fa riferimento ai concetti di coscienza e identità onnipresenti con tutti i processi affettivi e cognitivi che ne fanno parte; "coscienza" si riferisce principalmente a consapevolezza di se stessi e degli altri (la coscienza, come erroneamente alcuni neofiti della psicologia dinamica possono pensare, non è quello che Freud chiamava "super-io", ma quello che chiamava "io", il super-io è più che altro una super-coscienza ideale e morale, l'io invece è molto più vicino ai nostri bisogni);
- "identità" si intende un concetto unitario e indivisibile che dà senso alla nostra psiche, come "personalità", però a differenza di quest'ultima è più mutevole, sfaccettato e poliedrico;
- "sé": (nonostante ci sia molta confusione in giro) mi sembra corretto usare l'accezione che dà in genere la sociologia, cioè, un io più maturo ed integrato con la società, che nasce intorno alla preadolescenza e rispetta i ruoli sociali.

Per Taine (massimo esponente del naturalismo francese, secondo cui l'unica base che dà origine alla psiche umana è il corpo, studiato a livello biologico) la psiche umana è formata da un aggregato di cellule, ove ognuna di esse dà vita a delle immagini esperite nella nostra psiche, che costituiscono la trama di essa.

> Che cosa c'è al punto di partenza, nell'uomo? Delle immagini, o rappresentazioni degli oggetti, ossia quel che gli fluttua nell'interiorità, sopravvive per un po' di tempo, si cancella e ritorna, quando ha completato un certo albero, un certo animale, in breve una cosa sensibile (Taine 1866, p. 19, cit. in Pollo, 2008, p. 143).

In sostanza, per l'autore, non esiste una percezione unitaria alla base, ogni immagine si aggrega ad altre immagini che assumono un senso logico con la congiunzione labile della memoria e della razionalità.

Essenzialmente per Taine, la realtà la costruiamo noi, attraverso una vera e propria costruzione di allucinazioni vere che derivano da allucinazioni confuse e disgiunte. Questo vuol dire che l'allucinazione e il delirio precedono la percezione corretta e il ragionamento.

> La percezione corretta e l'intelligenza non sono altro che delirio addomesticato […] filogeneticamente e storicamente la follia precede la salute mentale, come l'allucinazione il senso della realtà. Normali sono il disordine e la malattia, che soltanto un precario equilibrio di forze contrapposte tengono a bada. La follia e l'allucinazione rappresentano, quindi, il comune stadio di partenza della vita psichica, mentre la salute mentale e la percezione corretta costituiscono un risultato che non a tutti è dato necessariamente raggiungere. La conquista della razionalità è sempre provvisoria (Taine, 1878-1885, p. 70, cit. in Pollo, 2008, p. 144).

Per, Taine, quindi, l'uomo non è altro che un pazzo o un selvaggio che è stato fatto addormentare, (da chi?): "la storia ci mostra che gli stati, i governi, le religioni, le chiese e tutte le grandi istituzioni sono dei mezzi grazie ai quali l'uomo animale e selvaggio acquisisce la sua piccola parte di ragione e giustizia. Stiamo attenti a non distruggere il fiore tagliando la radice" (Taine, 1878-1885, p. 70, cit . in Pollo, 2008, p. 144).

I.3. I *médecins philosophes* e i primordi della psichiatria psicodinamica

Al naturalismo francese ottocentesco dell'autore appena citato i “medici filosofi” rendono tributo, e portano in psichiatria le scoperte di quei tempi della fisiologia, della zoologia, della psicologia.

Théodule-Armand-Ribot (Guingamb 1839–1916 Parigi), Pierre-Marie-Félix Janet (Parigi 1859–1947 Parigi), Alfred Binet (Nizza 1857-1911 Parigi) oggi quasi dimenticati, al tempo godettero di un enorme fama e influenzarono autori di diverse discipline quali: Nietzsche, Proust, Freud, Pirandello, Le Bon, Bergson ed altri. In particolare Binet influenzò molto i primi lavori di Jung. La psichiatria psicodinamica nord-americana di Otto Kenberg e Edith Jacobson, per quanto originale, segue un filo storico risalente a questi autori, passando poi per Sigmund Freud e a Melanie Klein.

Dalle conclusioni tirate dagli studi effettuati sui polipi corallini e sulla cellula egemone, Ribot, Janet e Binet utilizzano metafore per identificare l'io egemone: il presidente, il sovrano che governa la coalizione che però resta essenzialmente instabile e preda di colpi di stato, in quanto possono arrivare al potere altri io/identità. Questo processo, può essere causato, ad esempio, da un trauma esterno che subisce l'individuo.

Nel periodo di transizione fra l'abdicazione di un io e la salita al trono di un altro, si manifesta una identità scissa in diverse identità che rappresentano l'indipendenza degli io, senza un sovrano, in quel dato momento, una vera e propria crisi di governo. Fino a quel momento quegli io, prima dipendenti, avevano potuto manifestarsi solo in sogni e deliri. Secondo i suddetti autori queste regressioni portano il medesimo uomo ad abitare in momenti diversificati identità e personalità diverse, e possono essere la causa di disturbi come quello dell'identità multipla, che oggi nel DSM viene chiamato “disturbo dissociativo dell'identità”.

L'unità dell'io, quindi per essi, non è originaria, ma è il frutto di un successivo processo:

> L'unità dell'io, in senso psicologico, è dunque la coesione, durante un dato tempo, di stati di coscienza chiari, accompagnati da altri meno chiari e da una folla di stati fisiologici che, senza essere accompagnati da coscienza, come i loro congeneri, agiscono tanto e più di questi. Unità vuol dire coordinazione. L'ultima parola di tutto questo è che il consenso della coscienza, essendo subordinato dal consenso dell'organismo, fa si che il problema dell'unità dell'io sia, nella sua forma ultima, un problema biologico (Ribot 1885, pp. 170-171).

Come d'altronde nell'Illuminismo, nell'800 l'anima e/o l'io non sono più dei concetti spiritualistici, metafisici; il positivismo, nel bene e nel male, vorrebbe determinare la fine del monismo spiritualista a favore di quello materialista e fisicalista.

I.4. Théodule Ribot: biografia

T.Ribot, laureato in medicina, studia sotto l'influenza degli associazionisti inglesi, quali: Herbert Spencer,Wilhelm Wundt, in continuità con la scuola dei medici filosofi Philippe Pinel e Jean Martin Charcot, si interessa inizialmente di psicofisica e psicofisiologia. Diffonde con i suoi scritti, *La psychologie anglaise contemporaine* (1870) e *La psychologie allemande contemporaine* (1879), la conoscenza dell'associazionismo inglese. Riprende l'idea di H. Jackson sull'evoluzione e dissoluzione del sistema nervoso, per esempio, osservò che in età senile, in seguito al deterioramento del sistema nervoso, si manifestava dapprima la perdita dei ricordi recenti e dopo di quelli più antichi.

Insegna psicologia sperimentale alla Sorbona dal 1885 al 1889. In seguito, fonda al College de France il primo laboratorio di psicologia sperimentale in Francia, dove nomina responsabile Alfred Binet.

Ė fautore di una metodologia di ricerca oggettiva e al contempo soggettiva, dando particolare rilevanza al metodo dell'introspezione. Ribot elabora il cosiddetto metodo "patologico" che si articola essenzialmente in 2 fasi: l'osservazione pura della psicopatologia e l'osservazione su di essa. L'innovazione di questo metodo è, però data soprattutto dal fatto di aver spostato l'attenzione dal laboratorio alla condotta globale dell'uomo, grazie alle influenze date soprattutto dai filosofi del tempo.

Fonda nel 1876 la *Revue philosophique de la France et de l'étranger,* che Nietzsche definì la miglior rivista di filosofia del tempo, sede di intensi dibattiti degli psicologi del tempo su ipnosi, teorie della personalità, allucinazioni e isteria.

In una delle sue opere più famose *Les maladies de la personalitè*, del 1885, si configura per la prima volta nella storia il deterioramento della personalità, tramite un involuzione che dapprima porta a perdere le capacità intellettive, poi quelle affettive e sul finire quelle organiche.

Sul finire di carriera ottiene una cattedra di psicologia sperimentale e comparata al College de France.

Tra le sue opere: *L'hérédité psychologique* (1873); *Les maladies de la mémorie* (1881); *Les maladies de la volonté* (1883); *Les maladies de la personnalité* (1885); *Psychologie de l'attention* (1888); *La psychologie des sentiment*s (1896); *Essai sur l'imagination créatrice* (1900); *Essai sur les passions* (1907); *La vie inconsciente et les mouvements* (1914).

Fu maestro di Pierre Janet.

I.5. Ribot: psicologia, psichiatria, filosofia

Notevole influenze su Ribot ebbe Schopenhauer in cui il tema della volontà e il suo cieco impulso vitale s'intreccia con quello del soggetto, che "tutto conosce e non è conosciuto da niente". Nella sua opera, "*la philosophie de Schopenhauer*", Ribot cerca di creare un collegamento tra lo Schopenhauer filosofo e lo Schopenhauer fisiologo studioso di Canabis e di Bichat. Ribot si concentra più che sul "polo dei genitali" sul "polo del cervello" (a differenza di Freud). Il cervello è rappresentato come "una sentinella posta nella testa dalla volontà per sorvegliare il mondo esterno dalla finestra dei sensi" (Bodei, 2009, p. 66). Da qui rintracciamo subito l'importanza data al corpo e alla volontà, il cervello è centrale nelle teorie di Ribot, una visione piuttosto fisicalista che influenzerà il pensiero della psichiatria del tempo.

Per Ribot (che a sua volta influenzerà Binet e Janet) l'io è plurimo, composto, al pari delle colonie degli animali, di una molteplicità originaria di io, i quali si sottomettono successivamente ad un "io egemone", che come una sorta di presidente in maniera autocratica o democratica prende il comando della coalizione. L'equilibrio raggiunto non è però assicurato per sempre, in quanto, come sappiamo, la complessità rappresentata da questa colonia rende il tutto labile.

A minacciare questa stabilità ci può essere uno choc/trauma, a minacciare le funzioni superiori, una di queste, la regione di Broca, deputata alla produzione del linguaggio, quelle che hanno sede nella corteccia cerebrale, zona filogeneticamente più giovane del cervello, da qui le malattie della memoria, della volontà e della personalità (Bodei, 2009, p.69). Quando la funzione coordinatrice non è più in grado di resistere a nuove sfide è costretta a sfaldarsi, accogliendo in se un nuovo incremento di complessità, la personalità (che di norma è già poco coesa rispetto quella' unità della personalità o anima che fino allora è stata raccontata dalla metafisica o dalla teologia) si scinde in entità indipendenti (Bodei, 2009, p.69).

La volontà allora, non riesce a mantenere la personalità sfaldata in una miriade di desideri contrastanti e perde il suo potere. Il "tas de petites consciences" o il "tout de coalition" si sfalda (Ribot, 1885, p. 154).

A questo punto l'io egemone è costretto ad abdicare, a rassegnare le proprie dimissioni, caduto il "governo" lo stato assolutistico della psiche si dissolve facendo posto ad una vera e propria crisi di governo. Gli io che cercano di riemergere ci si accorge che non sono degli sconosciuti, degli alieni, ma delle vecchie conoscenze sino ad allora ripudiate, ma in realtà fin troppo note, che allora si erano manifestate tramite sogni o deliri, io fortemente subordinati ad una gerarchia psichica che dava pochi spazi di indipendenza. Locke direbbe "il medesimo uomo in differenti persone".

Da queste considerazioni si può notare pure la grande influenza su Freud, sul manifestarsi di questi io nei sogni, che Freud attribuisce all'inconscio.

La caduta del potere del delegato, rilevatosi incapace di gestire le emergenze, porta in atto una rifeudalizzazione dell'apparato psichico, gli io o coscienze riprendono la loro indipendenza dando vita a personalità indipendenti le une dalle altre, compresenti o alternanti nel medesimo individuo.

La psiche diventa cosi un caos dove senza un controllo centralizzato ogni io vuole andare in scena.

Ribot parafrasa Bernard quando sostiene che "la malattia è una sperimentazione di ordine sottilissimo, istituita dalla natura stessa, in circostanze ben determinate e attraverso procedure di cui l'arte non dispone: essa attinge all'inaccessibile"(Bodei, 2009, p. 70).

Ribot crea una nuova disciplina "le psychologie morbide" dedicata allo studio delle "anomalie e della mostruosità", che ha il compito di indicare gli scarti rispetto alle norme.

Pierre Janet sosterrà più avanti "se si conoscessero bene le malattie mentali, non sarebbe difficile studiare la psicologia normale"(Bodei, 2009, p. 70). Anche secondo Nietzsche e Freud la malattia mentale non rappresenta di per se qualcosa di completamente diverso dalla sanità mentale, infatti secondo questi autori la malattia mentale non fa altro che far emergere un qualcosa di inconscio che già esisteva al di fuori della consapevolezza, l'esagerazione, la sproporzione, la disarmonia dei fenomeni normali costituiscono lo stato di malattia secondo Freud. La patologia non fa altro che renderle più vistose ingigantendo alcune peculiarità psichiche normali. Infatti se gettiamo a terra un cristallo esso si frantuma non in modo casuale, ma su sfaldature che erano già determinate nel cristallo stesso.

La novità del pensiero di Ribot e Les médecins philosophes non sta tanto nell'aver individuato patologie come quella della personalità multipla, che era già conosciuta da tempo, ma di aver posto alla base della natura dell'essere umano una miriade di io/coscienze che coesistono in un'unica persona. Infatti, ricordiamo come l'idea della personalità multipla fosse già presente secondo alcuni nel Vangelo di Marco nell'episodio dell'indemoniato, che alludendo agli spiriti da cui era posseduto esclamava: "il mio nome è legione perché siamo molti"(Bodei, 2009, p.71).

Il primo caso conclamato di personalità multipla si ha però agli inizi dell'800, segnalato dal medico statunitense John Kearsley Mitchell che espone la storia di una ragazza, Mary Reynolds, la cui personalità si scisse completamente tra i diciannove e i trentacinque anni, finendo per assestarsi sulla sua seconda personalità.

Ma solo nel 1840 l'espressione "personalità multiple" inizia a far parte del vocabolario medico grazie al dottor Aix-en-Provence, fino a quando negli anni successivi, grazie a Charcot e altri, si inizia la pratica dell'ipnosi con lo sdoppiamento della personalità.

Dagli scritti di Ribot hanno preso spunto anche noti romanzieri come Robert Louis Stevenson con *Lo strano caso del Dottor Jekill e il signor Hyde* e Oscar Wilde con il *Ritratto di Dorian Gray*, scritti rispettivamente nel 1886 e nel 1891.

L'idea della pluralità degli io viene supportata anche da Paulhan che nel 1882 scrive "è impossibile sapere il numero degli io che l'individuo contiene [...] questi differenti io si incrociano e si associano talvolta gli uni con gli altri [...] ma non si riconducono ad un'unità; l'io dal punto di vista psichico, non è che è un'astrazione, che non esiste in natura e che non ha alcuna realtà sostanziale o fenomenica" (Bodei, 2009, pp. 71-72). Anche qui vediamo come Paulhan appoggia l'idea i Nietzsche (che verrà successivamente esposta) e dei *Mèdecins*, la quale intravede nella concezione dell'io unitario un'invenzione filosofico/letteraria che non ha a che fare con la realtà sostanziale che vede la personalità formata da diversi io.

Ribot inoltre spiega come l'abdicazione di un io in un dato momento non configura però la disorganizzazione totale della psiche, che si riorganizza, anche se in una forma più elementare. Come sostiene anche Le Bon "l'unità dell'io è fittizia quanto quella di un esercito"(Bodei, 2009, p. 72), i soldati non più guidati formano brevi coalizioni equivalenti a subpersonalità.

I.5.2. Ribot, Shiff: cenestesia, coscienza, inconscio

Cenestesia (da *aisthesis*: sensazione, *koinos*: comune) o cenestèsi, in medicina e in filosofia, si riferisce alla sensazione indeterminata connessa con lo stato generale del corpo e risultante da impressioni varie inerenti ai processi della vita organica, avvertiti dalla coscienza solo quando la sua tonalità viene turbata, manifestandosi con un senso particolare di benessere (variazione positiva) o di malessere (variazione negativa); in filosofia indica anche del senso interno che associa singole determinate sensazioni, riducendole ad unità, per cui viene a coincidere con la stessa unità della coscienza (Treccani, 2016).

J. Henle la definisce cosi: "il tono dei nervi sensibili o la percezione dell'attività media in cui essi si trovano costantemente quando non sono sollecitati da un'impressione interna (Henle 1841, cit. in Bodei 2009, p. 73).

La nozione di cenestesia è appresa da parte di Ribot dal fisiologo tedesco Moritz Shiff (Francoforte sul Meno 1823- Ginevra 1896). Secondo Shiff "tutta la nostra coscienza dell'io risiede nella cenestesia. Per Shiff infatti:

> Non è la coscienza che serve di base al pensiero; è, al contrario, sempre il pensiero che, in certi casi, evoca la coscienza. Non è [...] la coscienza che accompagna il pensiero, poiché, se la coscienza presente cessasse e non fosse immediatamente sostituita da un'altra, ciò che resterebbe all'esprit sarebbe non la coscienza (come un quadro su cui è cancellata l'iscrizione), ma nulla: la nostra individualità, la nostra coscienza interiore sarebbe scomparsa. La coscienza dell'io non è dunque continua, ma interrotta [...]. Il suo contenuto varia e non è immutabilmente uguale a se stesso [...]. L'io di un momento dato è sempre incompleto (Pollo, 2008, p. 146).

Ribot fortifica le sue credenze su cenestesia e inconscio con le tesi spiritualiste di Maine de Biran (Bergarac 1766 – 1824 Parigi), il quale afferma che è il "sentiment fondamental de l'existence" o il "sentiment de l'existence sensitive" e che c'è una sostanziale differenza tra "il semplice sentire" e il "sentire che io sento", esiste dunque, oltre alla sensazione, un fatto primitivo e originario capace di modificare l'io. Ribot sa che alla base si pone questa coscienza oscura capace di modificare l'io, questo preriflessivo "sentimento della vita" che si ripete incessantemente e resta al di sotto della coscienza,

Ribot, dunque, si pone tra quelli che considerano l'inconscio cerebrale quale fondamento della coscienza. Thomas Laycock (1812-1876), allora giovane medico di 28 anni parla nel suo articolo "On the reflex function of the brain" di come il cervello non fosse sottomesso alla coscienza, ma alle leggi generali del riflesso, paragona il cervello nella sua funzione al midollo spinale. Da questo

Ribot riconduce la coscienza a epifenomeno del cervello e appoggia le tesi spinoziane secondo cui l'anima è l'idea del corpo, così che anima e corpo siano un fenomeno a doppia faccia, infatti ne

Les maladies de la personnalité afferma che "l'individualità psichica non è che l'espressione soggettiva dell'organismo"(Bodei, 2009, p. 74).

Ribot, a conclusione di quello che si è detto, ritenendo che ogni sforzo di individuazione sia vano, perché appartiene al mondo dei fenomeni prestabiliti, scrive:

> L'io, come appare a se stesso, consiste in una somma di stati di coscienza. Ve n'è uno principale, attorno al quale si raggruppano degli stati secondari che tendono a soppiantarlo e che sono essi stessi spinti da altri stati appena coscienti. Lo stato che occupa il ruolo principale, dopo una lotta più o meno lunga, recede ed è rimpiazzato da un altro, attorno al quale si costituisce un raggruppamento analogo [...]. Il nostro io d'ogni momento, questo presente perpetuamente rinnovato, è in gran parte alimentato della memoria, ossia allo stato presente si associano altri stati già respinti e localizzati nel passato, che costituiscono la nostra persona come appare ad ogni istante (Ribot, 1885, p. 83).

Ribot continua osservando come: "il vero io, infatti, è quello che sente, pensa e agisce senza darsi in spettacolo a se stesso; poiché esso è per natura e definizione, un soggetto; e , per diventare un oggetto, deve subire una riduzione, un adattamento all'ottica mentale che lo trasforma e lo mutila " (Ribot, 1885, p. 94).

Come si è scritto, l'io e la coscienza, per Ribot, sono degli epifenomeni dati dall'attività cerebrale che formano, in realtà, solo la superficie di un io più profondo.

Come già la cenestesia gioca un ruolo chiave nel mantenimento dell'io e dell'identità, così fa la memoria, che egli paragona ad un filo di una collana che non permette alle perle di disperdersi. Quando la persona si ammala compaiono più memorie separate, che si ignorano a vicenda, ognuna corrisponde ad una vita (Pollo, 2008, p. 146).

I.5.3. La legge di Ribot

Ribot è anche autore di una legge che porta il suo nome; poiché gli strati organici elementari ed arcaici sono meno complessi, si conservano meglio di quelli più recenti, quindi con la perdita della memoria si perdono prima i ricordi più recenti. Ribot accanto alla memoria psichica presuppone una memoria organica, concetto introdotto nel 1867 dallo psichiatra britannico Henry Maudsley (1835-1918).

Quindi, per Ribot, l'io in sostanza è fittizio, perché alla base è un io organico che tiene coesi i diversi io tramite la funzione della memoria, quando si ha una amnesia inoltre, si tende ad andare a ritroso, dapprima con la perdita dei ricordi più recenti e dopo con la perdita di quelli più antichi.

I.6. Ribot e la logica dei sentimenti

Il viaggio a ritroso versi stadi già attraversati della mente umana si compie grazie al prevalere della "logica dei sentimenti" (secondo il volume di Ribot, apparso nel 1905, *La logique des sentiments*). I sentimenti, per Ribot si dividono in "stati emotivi" "emozioni" e "passioni". I primi indicano semplici condizioni come l'avere sete; le seconde uno choc, una rottura brusca e imprevista d'equilibrio: "si tratta della reazione improvvisa, bruschi, dei nostri istinti egoisti (paura, collera, gioia) o altruisti (pietà, tenerezza ecc...)costituita soprattutto da movimenti o arresto di movimenti (Bodei, 2009, p.78). Le passioni, infine, equivalente affettivo della volontà stabile, si oppongono "all'emozione a causa della tirannia o della predominanza di uno stato intellettuale (idea o immagine) a causa della loro stabilità e della loro durata relativa. In una parola [...] la passione è un'emozione prolungata e intellettualizzata" (Bodei, 2009, p. 78).

Utilizzando una metafora, per Ribot, se l'emozione è paragonabile allo stato acuto nelle patologie, la passione è l'equivalente dello stato cronico; inoltre Ribot aggiunge che esistono passioni propulsive o espansive verso ciò che è desiderabile (amore, ambizione, avarizia) e passioni negative che fanno soffrire, basate su un movimento repulsivo o una tendenza alla distruzione (gelosia, odio), le prime sono paragonabili a quello che Freud chiama "pulsione di vita", le seconde a quello che Freud chiama "pulsione di morte". Ribot, a questo proposito accetta esplicitamente quello che sosteneva Kant nell'antropologia: "l'emozione agisce come un fiotto che rompe la diga; la passione come una corrente che scava sempre più profondo il suo letto. L'emozione è come un'ebrezza che si smaltisce; la passione invece è come una malattia per intossicazione o per deformazione" (Bodei, 2009, p.78).

La logica delle passioni, inoltre, non risente del principio di contraddizione, lo dimostra il fatto che si possono avere sentimenti contrastanti e addirittura opposti verso una persona.

Nella logica dei sentimenti, i giudizi, anche quelli in forma più razionale e intellettualizzata, sono giudizi di valore; essi sono costituiti dalla sintesi di due diversi fattori: "l'uno rappresentativo, costante, invariabile; per questo aspetto assomiglia ai concetti intellettuali. L'altro emotivo, variabile instabile, a carattere dinamico"(Ribot, 1905, p. 36). Mentre la logica razionale mira ad una conclusione, quella emotiva mira ad un fine, è carica della tendenza che trascina tutti gli individui.

Le logiche delle passioni, secondo Ribot vivono di vita propria, hanno la loro psicologia, le loro condizioni di esistenza.

La maggior parte delle persone, però, secondo Ribot sono dotate di "passioni mediocri, senza forza, senza durata, senza portata" (Bodei, 2009, p. 78) perché i tre elementi di cui la passione è composta (affettivo, motorio, intellettuale) non hanno autonoma consistenza e non si coordinano adeguatamente tra loro.

Alfred Binet nasce a Nizza nel 1857, studia dapprima giurisprudenza e poi scienze naturali.

Lasciate entrambe le facoltà si interessa subito alla psicologia, conduce il suo tirocinio in psicopatologia presso la Salpetrière, sotto la direzione di Charcot, da li sussegue una serie di pubblicazioni influenzate dalle teorie associazioniste: *la psychologie du raisonnement* (1886), *le magnètisme animal* (1887), *les altérations de la personnalité* (1892). Lasciata la Salpetrière, nel 1894 è nominato direttore del laboratorio di psicologia fisiologica di Parigi, creato da L. Liard nel 1889. Si interessa allora allo studio dei processi psichici superiori e alla fondazione di una psicologia "individuale" e compie studi sulla memoria, sull'emotività, sulla suggestionabilità, sulla sensibilità tattile e sulla grafologia. In quel periodo presenta una nuova psicologia scientifica utilizzando il metodo sperimentale. Nel 1896 pubblica *La psychologie individuelle* in cui sosteneva che le differenze individuali sono più notevoli nei processi superiori (intelligenza, coscienza) che in quelle elementari (sensazioni). La sua ultima opera risale al 1903 *L'étude expérimentale de l'intelligence* in cui dimostra la differenza tra due tipi di funzionamento intellettuale: "oggettivo" e "soggettivo", e riconosce l'esistenza di un "pensiero senza immagini".

Nel 1905 propone assieme a Simon il primo reattivo mentale per la valutazione dello sviluppo dell'intelligenza.

Muore il 18 Ottobre 1911 a Parigi a causa di un'emorragia cerebrale (Treccani, 2016).

Binet è, fra i 3 medici filosofi, quello che ha avuto un carriera accademica meno brillante, ma il suo lavoro ha lasciato l'impronta più duratura, sia grazie all'opera *Les altérations de la personnalité* che ebbe notevole influenza su Pirandello, sia per aver influenzato la carriera di Jung (che si recò nel 1902 a vedere a Parigi una sua lezione), sia per i suoi studi finalizzati allo scopo di fare della psicologia una scienza esatta.

I.7. Pierre Janet: biografia

Pierre-Marie-Félix-Janet (Parigi 1859-1947 Parigi), nipote del filosofo Paul Janet, fu uno degli psicologi più influenti a cavallo tra Otto e Novecento, da alcuni considerato il precursore della psicoanalisi e della psicologia dinamica, sono note le sue teorie su trauma e dissociazione.

Studia all'Ecole Normale Supérieure di Parigi, dove fu amico del filosofo Henri Bergson, fu poi allievo di Charcot alla Salpetrière di Parigi, dove inizia, sotto la sua guida, ad interessarsi ai processi psicologici degli isterici; da li espande i suoi interessi agli stati dissociativi, all'ipnosi clinica e ai problemi legati alle memorie traumatiche.

Nel 1889 pubblica la sua tesi di dottorato in filosofia su trauma e dissociazione *L'automatisme psychologique*. Nel 1893 consegue il suo secondo dottorato in Medicina, con la tesi *L'état mental des hystériques.*

Dal 1890 al 1898 dirige il laboratorio di Psicologia Patologica della Salpetrière.

Nel 1898 diviene docente alla Sorbona, nel 1902 è nominato responsabile del Laboratorio di Psicologia Sperimentale e Comparata del Collège de France (prendendo il posto di Ribot), posizione che tiene fino al 1934.

Nel 1903 fonda il *Journal de psychologie normale et pathologique*, una delle più importanti riviste scientifiche francesi del settore. Fu membro dell'Institut de France dal 1913. Lo stesso anno, infastidito dal comportamento di Freud, il quale argomentava su temi come "subconscio" e "analisi psicologica" senza riconoscergli la paternità, coglie l'occasione al Congresso di Psicologia di Londra per rivendicare i suoi meriti, con una relazione dal titolo "la psicoanalisi".

Nel 1923 esce il suo testo fondamentale sull'ipnosi e la suggestione *La Médecine psychologique*, negli anni successivi pubblica una serie di articoli di sintesi sul tema delle memorie traumatiche.

Dagli anni venti in poi si occupa di definire e aggiornare il suo modello meta-psicologico, sviluppato dagli anni 80 dell'Ottocento e definito di Psicologia della Condotta.

Nel 1936 riceve un dottorato onorario dall'Università di Harvard.

Muore a Parigi il 27 febbraio del 1947 in seguito ad una congestione polmonare.

I.8. Janet: automatismo psicologico, trauma e dissociazione nell'isteria

Janet rimasto impressionato dall'osservazione di alcuni casi di personalità multiple, si interessa presto ai casi di dissociazione di personalità, di cui è considerato uno dei capostipiti.

Nel 1893, inizia uno dei suoi periodi più fecondi, a Le Havre, dove ottiene una stanza per analizzare tutti i neuropatici di Normandia; esposti successivamente alla Salpêtrière, dove Charcot aveva fondato un "museo patologico vivente" in cui esponeva i grandi isterici.

Differentemente da Charcot e Ribot, per Janet, la personalità non è una sostanza da reificare, ma una sostanza metafisica, che considera soltanto quale "oggetto intenzionale delle condotte di personalizzazione" (Bodei, 2009, p. 67). Per lui, non esistono individui, ma solo condotte d' individuazione.

Janet, dalle osservazioni dei pazienti isterici, si accorge di una serie di sintomi che amplificavano la sensibilità dei pazienti, provocando delle reazioni, sia emotive che fisiche, intense e singolari (depersonalizzazione[1], paralisi, paresi) che chiamò sintomi dissociativi. Fra gli eventi traumatici, capaci di innescare sintomi del genere annoverava: abusi (sessuali, psicologici), maltrattamenti, trascuratezza emotiva, molestie e rotture relazionali subite dalle donne da parte dei loro mariti.

Le basi concettuali e le considerazioni sull'isteria, si trovano in una delle opere fondamentali del pensiero janetiano *L'automatisme psychologique2* (1889), nel suddetto testo, Janet riconduce l'isteria a un disturbo globale della personalità consistente nella "difficoltà a ricollegare alla propria personalità alcuni fenomeni che altre persone non esitano a considerare assolutamente personali"3 (Craparo, Ortu, 2016, p. 14).

Janet, così riconduce la complessa e variegata sintomatologia dei pazienti isterici a un disturbo della coscienza riflessa, assumendo l'ipotesi di un livello di funzionamento subcosciente che emerge in primo piano, quando si rompe la tendenza alla sintesi e alla personalità che costituisce il carattere dei fenomeni psicologici, e si spezza l'equilibrio fra le due attività fondamentali: l'attività automatica e l'attività di sintesi, che costituiscono la solida base della salute mentale e fisica.

La diminuzione dell'attività di sintesi innesca dei fenomeni nuovi, permettendo lo sviluppo esagerato del fenomeno dell'automatismo, cioè un'attività conservatrice che tende a riportare alla luce antiche sintesi (io) che nell'uomo normale sono mascherate da altri fenomeni complessi.

In questo riaffiorare delle sintesi un ruolo fondamentale è svolto dalle emozioni, che indeboliscono l'attività mentale mettendo il germe di un'idea fissa, che dopo un periodo di incubazione si svilupperà e diventerà persistente.

---

1 Stato dissociativo in cui la persona si sente come un manichino, estraniato dal proprio corpo e dalle proprie sensazioni emotivo-corporee.

2 Per automatismo psicologico, Janet intende tutte le funzioni automatiche della mente, inerenti al subcosciente, dove vengono escluse le funzioni mentali superiori come coscienza e pensiero.

3 I pazienti, per esempio, potevano affermare frasi confuse e contradditorie come "il mio braccio si muove, ma non sono io a muoverlo".

Janet, introduce il termine "disaggregazione" riferendosi alle personalità antiche scisse che riaffiorano nella coscienza, il fenomeno dell'isteria, per Janet, deve essere considerato come una forma di "disaggregazione mentale caratterizzata dalla tendenza allo sdoppiamento permanente e completo della personalità" (Craparo, Ortu, 2016, p. 15).

Indubbia influenza hanno avuto queste considerazioni su Freud, anche se per Janet l'isteria (disturbo dissociativo) è un fenomeno posto in stretta continuità con i disturbi di doppia personalità, per Freud, invece, è più un fenomeno che si manifesta non nelle diverse personalità, ma fra inconscio e coscienza, sul tema MacMillan commenta:

> La concettualizzazione operata da Janet del trauma e della dissociazione, ammettendo la possibilità di una coscienza multipla, con memorie incompletamente elaborate che formano isole di coscienza come 'idee fisse' che s'infiltrano automaticamente, risulta più coerente con ciò che attualmente si capisce delle psicopatologie basate su un trauma. La teoria di Janet è compatibile con i disturbi di personalità multipla, mentre quella di Freud non lo è (MacMillan, 1990, pp. 189-203, cit. in Bodei, 2009, p. 313).

Un'altra importante differenza tra Freud e Janet, è sottolineata da Davidson, Freud stabilisce il confine tra sottosistemi:

> Geograficamente, sulla base del paese a cui è assegnato lo stato mentale [la registrazione della sua presenza, in altre parole varia in base al variare del grado di coscienza che se ne ha, per Davidson il criterio di cittadinanza è invece dato dal tipo di interazione fra desideri, credenze e altri stati ed eventi mentali]. È solo il grado di combinabilità o di isolamento funzionale degli stati e degli eventi mentali a tracciare la frontiera tra l'appartenenza a sottosistemi (in linea di principio posso consciamente nutrire due credenze contraddittorie, purché le tenga a distanza l'una dall'altra) (Davidson, 1982, pp. 289-305, cit. in Bodei, 2009, p. 313).

Janet considera l'isteria come una malattia causata da fattori predisponenti innati, che si influenzano a vicenda con fattori psicologici e ambientali, i fattori ambientali dovuti a traumi amplificano un'originaria debolezza mentale "una debolezza psicologica particolare che consiste nell'impotenza del soggetto debole a condensare i suoi fenomeni psicologici, ad assimilarli" (Craparo, Ortu, 2016, p. 15), i pazienti isterici presentano quindi un deficit della capacità di sintesi mentale e diverse memorie scisse, causate da un restringimento del campo di coscienza. Questo spiega alcuni sintomi tipici isterici come: amnesie, fughe dissociative, fenomeni di depersonalizzazione.

L'autore considera quindi i traumi come causa principale del deficit della sintesi delle rappresentazioni mentali, della disaggregazione psicologica in diversi centri di aggregazione, le idee "fisse subconsce" tendono a ritualizzarsi sotto forma di sintomi post-traumatici, quali: shock, flashback, ricordi intrusivi e sensazioni corporee simili a quelle provate durante l'evento traumatico originario, egli sostiene che:

> Il dimenticare l'evento che ha causato l'emozione si accompagna spesso ad un' intensa esperienza emotiva sotto forma di amnesia retrograda [...]. Se le persone diventano incapaci di raccontare le loro storie, i ricordi non possono essere trasformati in narrazione neutrale. Una persona è incapace di fare un racconto usando quelle che noi chiamiamo memoria narrativa e, tuttavia, deve confrontarsi con la difficile situazione iniziale. Questa porta a una fobia della memoria che impedisce l'integrazione (la sintesi) degli eventi traumatici e scinde i ricordi traumatici dalla coscienza ordinaria. Le tracce della memoria del trauma si stabiliscono come idee fisse subconsce che non possono essere 'liquidate' finché non vengono tradotte in una narrativa personale. Esse invece continuano ad interferire sotto forma di percezioni terrifiche, di preoccupazioni ossessive, di ri-esperienze somatiche e di reazioni ansiose (Janet, 1907, p. 332, cit. in Craparo, 2013, p. 64).

Per Janet, le patologie conseguenti a traumi derivano dalla perdita della coerenza e dell'integrazione delle attività psichiche. I tre aspetti, sottolineati ne' *L'automatisme psychologique,* della funzione integrativa della coscienza sono:

- la *sintesi personale,* consistente nella capacità di creare un'organizzazione coerente delle memorie e dell'esperienza di sé che permetta di sperimentare un senso di identità costante;
- la *presentificazione,* ovvero la capacità della mente di distinguere il momento presente dal momento passato, evitando di vagare nelle varie memorie del passato;
- la *funzione di realtà,* (quella che oggi viene chiamata capacità di agency) cioè di agire attivamente e consapevolmente sull'ambiente secondo i propri scopi (Janet, 1889, cit. in Craparo, 2013, p. 65).

Janet, per formulare le sue ipotesi, si avvale del metodo osservativo: si tratta del metodo clinico applicato alle malattie della mente, delle osservazioni ad un numero ristretto di casi, per avere delle conferme, un'osservazione precisa e un po' più articolata.

Emblematico è il caso di Irene[4], una giovane donna di ventitré anni, che soffriva di allucinazioni e deliri, che secondo Janet, sarebbero riconducibili all'effetto disgregante delle forti emozioni vissute nel particolare stato di esaurimento, fisico e mentale, prodotte dall'assiduo accudimento della madre, che finirà per morire di tubercolosi davanti ai suoi occhi. Secondo Janet, le sue allucinazioni[5], compaiono al posto dei ricordi dell'avvenimento traumatico, questo implica che il

---

4 La donna presentava una serie di sintomi, per certi versi simili, al famoso caso di Anna O, la paziente di Joseph Breuer, che ha avuto notevole rilevanza per la nascita della psicoanalisi.

5 Secondo Janet, le allucinazioni fanno parte di stati inferiori della mente, dove non è presente la funzione del reale. Un'innovazione fondamentale del pensiero di Janet, è il concepire la psiche come formata da diversi gradi gerararchici, in cui all'apice il coefficente di realtà è più alto, più si scende a livello inferiore, più ci si allontana dalla realtà. La funzione del reale di Janet, non è da confondersi con l'*universo del reale* di Lacan, in cui,in maniera diametralmente opposta, il reale è frutto di fantasie pre-edipiche e pre-verbali.

ricordo traumatico, apparentemente dimenticato, è presente ancora in memorie subcoscienti con una "precisione che sembra veramente esagerata" (Craparo, Ortu, 2016, p. 16), quello che è perduto in Irene, non è tanto una conoscenza intellettuale, ma una conoscenza personale, inoltre Irene sviluppa una sorta di seconda personalità, scissa dalla prima, due gruppi di fenomeni:

> L'uno che costituisce la personalità ordinaria, l'altro – che del resto può andare incontro a un'ulteriore suddivisione – che forma una personalità anormale, differente dalla prima e da essa totalmente ignorata. Questa disaggregazione psicologica si presenta sotto diversi aspetti a seconda delle relazioni esistenti fra queste due personalità e a seconda del grado della loro reciproca indipendenza (Janet, 1889, p. 377).

I ricordi, secondo Janet, vengono dimenticati (imprigionati nella seconda personalità) in quanto lo stato attuale del paziente non corrisponde più con lo stato emotivo emotivo provato nel periodo del trauma.

Janet, inoltre specifica come non basti portare alla coscienza le memorie traumatiche rimosse, perché in genere si trasformano in ossessioni fisse coscienti; le idee fisse devono essere distrutte mediante dissociazione o trasformazione, perché ovviamente questa idea fissa costituisce il centro della malattia, la sua eliminazione deve essere integrata ad un trattamento sintetizzante, come la rieducazione o altre forme di esercitazione mentale.

I.9. Janet: la logica regressiva di emozioni e emozioni veementi

La teoria della disgregazione della personalità e dell'impoverimento dell'io rappresentano uno dei contributi fondamentali della psicologia sperimentale di fine '800.

A causare questa "miseria psicologica", secondo Janet, vi sono sentimenti e emozioni di una certa forza e rilevanza. I sentimenti, secondo l'autore, rappresentano, rispetto alla razionalità, una regione ancora instabile della vita psichica, ancora soggetta alla metamorfosi del divenire, essi costituiscono:

> Una regione instabile, analoga alle faglie della crosta terrestre, in cui si raggruppano le eruzioni vulcaniche e i terremoti. Sono zone incompiute del nostro globo sulle quali si producono ancora i fenomeni di cedimento, di corrugamento, di sprofondamento. Si può anche, e forse più giustamente, paragonare questa regione dello spirito a quelle specie vegetali o animali che sono ancora in mutazione, che possono diventare il punto di partenza di specie nuove in progresso e che possono anche dar luogo ad anomalie, degenerazioni e mostruosità (Janet, 1903, pp. 6-7).

Janet, condivide con Ribot la logica dei fenomeni di regressione instaurati dai sentimenti, ma la scandisce in maniera diversa. Infatti per Janet, dapprima scompaiono le "emozioni disinteressate" di natura estetica o intellettuale, subito dopo quelle altruistiche e ego-altruistiche, infine quelle egoistiche, che comportano una dissoluzione dell'io e di ogni senso e valore per la vita.

Lo stato così raggiunto non è di serenità, ma lo svuotamento completo, l'assenza di passioni, come direbbe Ribot " la 'crosta terrestre' si è fin troppo raffreddata" (Bodei, 2009, p. 79), esaurisce completamente ogni forza vitale.

Da queste nozioni, Janet, introduce il concetto di *psicoastenia*[6], dove il soggetto vive un sentimento di irrealtà, un indebolimento del libero arbitrio, consistente nell'incapacità di fissare e coordinare le idee salvaguardandone la complessità, la funzione del reale è definita da Janet come l'insieme:

> Delle operazioni psicologiche che permettono all'uomo di entrare in rapporto con la realtà, di agire su di essa e di cogliere la sua esistenza con certezza. La funzione del reale, con le operazioni della volontà, il sentimento del reale, il sentimento del presente, occupa il primo posto nella gerarchia dei fenomeni psicologici e il suo studio è importante tanto per la metafisica che per la psicologia (Janet, 1908, pp. 440-441, cit. in Bodei, 2009, p. 321).

---

6 In psicologia clinica: nevrosi contraddistinta da fobie, ossessioni, astenia (mancanza di energia mentale e fisica); essa comprende: sintomi della percezione (depersonalizzazione, sdoppiamento), abbassamento della tensione psicologica (lentezza mentale), restringimento del campo della coscienza, disturbi delle facoltà intellettive (amnesie, fantasticherie).

Janet, introduce il concetto di "emozioni veementi" (o violente), per indicare le emozioni che hanno

un effetto disaggregante per la psiche, scrive:

L'emozione ha un effetto disintegrante sulla mente, riduce la sua sintesi e la pone, seppure momentaneamente in uno stato penoso. Le emozioni, specialmente di tipo depressivo come la paura, disturbano la sintesi mentale; le loro azioni, per così dire, sono analitiche[7], al contrario di quelle della volontà, dell'attenzione, della percezione che sono invece sintetiche (Janet, 1889, p. 457, cit. in Craparo, 2015, p. 80).

Le emozioni veementi, entrano a far parte del vocabolario di Janet, grazie ai suoi studi condotti sui pazienti isterici, i traumi subiti innescano nel tempo: stati di disaggregazione psichica associati a un abbassamento del livello mentale, un restringimento del campo della coscienza e l'emergere di stati mentali automatici. Scrive:

Uno dei fenomeni dell'emozione è di accompagnarsi a un marcato abbassamento del livello mentale. Essa non produce soltanto la perdita della sintesi e la riduzione dell'automatismo, che è così evidente nell'isterico, ma sopprime progressivamente, in proporzione alla propria forza, i fenomeni superiori e abbassa la tensione al solo livello dei fenomeni cosiddetti inferiori. [...] Durante l'emozione vediamo sparire la sintesi mentale, la volontà, l'acquisizione di nuovi ricordi: contemporaneamente vediamo diminuire o sparire tutte le funzioni del reale, il sentimento e il piacere del reale, la fiducia, la certezza. In loro luogo vediamo sussistere i movimenti automatici (Janet, 1903, trad. it. p. 109, cit. in Craparo, 2015, p. 54).

In Janet, rileviamo una differenza sostanziale con il pensiero Freudiano: i fenomeni di dissociazione psichica, i sintomi intrusivi dell'isteria come l'iperattivazione fisiologica[8], per Janet, non sarebbero causati come in Freud da un meccanismo di difesa dell'io per contrastare desideri e impulsi inaccettabili, ma dalla diretta conseguenza di emozioni non regolate, emozioni violente e selvagge che il soggetto non ha avuto facoltà di elaborare nel corso del trauma, che portano ad uno stato di disaggregazione della mente, in sostanza la dissociazione, che forma delle vere e proprie isole nella mente subcosciente che riemergono nei sintomi isterici.

Il nocciolo del pensiero di Janet è il riportare tutti, o quasi, i sintomi delle malattia mentale alla dissociazione della psiche, per mezzo degli atti automatici del subcosciente, parafrasando il linguaggio di Ribot, lo sfaldarsi delle coalizione degli io.

---

7 Le facoltà della mente diventano dissociate, quindi, non riescono a dare al soggetto un senso di continuità dell'identità, tra il passato e il presente, l'individuo fatica a dare un senso ad una realtà coesa e coerente, come avviene, per esempio, nel delirio.

8 Esempio: emozioni post-traumatiche intrusive che fanno riesperire il trauma.

I.10. Il Subcosciente

Janet divide il concetto di inconscio[9], che definisce molto più antico, dalle nuove prospettive del suo periodo e dal nuovo termine *subcosciente* (1886-1889), riferendosi al carattere particolare di alcuni disturbi della personalità che si verificano in una nevrosi particolare: l'isteria.

Nelle sue osservazioni, si accorge, che alcuni malati fanno fatica a ricollegare alla propria personalità azioni e atti mentali che le persone normali attribuiscono a loro stessi.

Molti pazienti che costituiscono l'ampia categoria degli psicoastenici riferivano "Non sono io ad agire, non sono io ad aver fatto questo, sono le mie mani che l'hanno fatto da sole... non sono io che mangio, non sono io che parlo... non sono io che sento, non sono io che soffro, non sono io che ho questa sensazione... e così via" (Janet, 2016, p. 216).

I movimenti, in questi soggetti, in realtà erano corretti, le diverse sensazioni cinestetiche e perfino le sensazioni viscerali, erano perfettamente conservate, ma i soggetti, nonostante questo, sostenevano che queste sensazioni non si ricollegavano alla loro personalità; si comportavano come se personalmente non ne disponessero.

Un malato di questo genere, descritto da Séglas, si comportava come se avesse perduto tutti i ricordi, quando in realtà i ricordi erano perfettamente conservati. Qui infatti il fantomatico disturbo della memoria era, in realtà, un disturbo dello sviluppo delle idee e del sentimento della personalità.

Un caso clinico presentato da Janet alla Société de Psychologie de Paris, è quello di "Dr", un ragazzo di diciotto anni, che racconta di aver sofferto, fin da bambino, di disagi psichici come: ansia, terrore al pensiero del verme solitario, paura del cancro, dell'appendice; che alcuni problemi di natura filosofica come l'infinito, il nulla, la morte, l'anima, il pensiero, suscitavano in lui forti emozioni. All'età di undici anni racconta di aver iniziato a soffrire di condizioni molto particolari: gli oggetti (del mondo esterno) gli apparivano come bizzarri e estranei, in ogni caso diversi da come erano prima. Inoltre, afferma che da un po' di tempo aveva perduto qualsiasi volontà e qualsiasi attività: "Da tempo non voglio più niente, fosse per me non farei più niente, non parlerei. Non mi muovo, non faccio nessun movimento. Tuttavia – mi dirà [riferendosi a Janet] -'tu cammini' 'tu parli'. Questo è vero, ma non ci capisco niente. Non sono io che agisco, mi vedo agire, mi sento parlare, è un altro che parla, una macchina che parla al posto mio. [...] È la sensibilità morale che si è perduta, non sono io quello che sente". Inoltre insiste sul fatto di non provare emozioni assolutamente per nulla e di non sentire alcuna sensazione, anche se in realtà quando viene pizzicato

9 Antica e veneranda ipotesi dell'inconscio, ha le sue radici nella filosofia greca, già Platone, rifacendosi alle dottrine religiose orfiche e pitagoriche, parlava di un sapere nascosto all'interno dell'anima umana, la quale lo aveva contemplato nel mondo iperuranio delle idee, per poi dimenticarlo dopo la sua rinascita nel corpo; si tratta di una conoscenza latente che la filosofia dovrà risvegliare con la reminiscenza o «anamnesi» (*anàmnesis*). Egli descrive la triste condizione dell'oblio soprattutto nel *mito della caverna*, dove gli uomini sono condannati a vedere soltanto le ombre del vero, e condannano i pochi illuminati che, usciti fuori dalla caverna, intendono svelare loro la luce del sole. Questo "inconscio" platonico non è da intendere in senso freudiano, ma si avvicina comunque al significato che Jung darà all'inconscio collettivo.

avverte dolore. Queste idee ossessive e teorie che ha costruito su di sé, afferma Janet, "sono sentimenti soggettivi e profondi che ritroviamo in molti malati":

> il disturbo della personalità non è assolutamente totale. Si manifesta in maniera netta in alcune azioni che potremmo chiamare superiori, nel giudizio di riconoscimento grazie al quale l'attenzione ricollega il nuovo contenuto mentale all'antico, nel linguaggio riflessivo, nell'azione volontaria. Ma le operazioni mentali della personalità sembrano conservate; la coscienza, questo atto grazie al quale stati molteplici e diversi sono uniti assieme formando un'unità, sembra ancora presente. [...] Questi malati [gli psicoastenici] hanno delle ossessioni ma non delirano completamente e riconoscono sempre l'assurdità di queste idee ossessive; sperimentano degli impulsi, ma non li realizzano; presentano la fobia di alcuni atti, ma mai impossibilità vere
> e proprie e autentiche paralisi; hanno interminabili dubbi ma non vere e proprie amnesie (Janet, 2016, p. 219).

Janet descrive altri casi, come ad esempio, quello di una donna di trentotto anni che trovava a casa sua dei bigliettini con scritto delle minacce terribili, che ella stessa aveva scritto e poi dimenticato, o il caso di molti sonnambuli, che al loro risveglio non ricordano assolutamente nulla delle azioni compiute.

Il concetto di subcosciente di Janet, quindi, nasce dal volere identificare quei fenomeni della mente che sfuggono al controllo della coscienza, quei fenomeni automatici generati dall'attività cerebrale, il concetto di subcosciente, risulta quindi molto meno elaborato di quello che successivamente elaborerà la scuola psicoanalitica, per certi versi più affine a quello della psicologia cognitiva moderna, ma sempre collegato alla natura dissociativa della psiche, presentata in primis dal maestro Ribot. Janet scrive:

> Da quando utilizzavo il termine di "subcosciente" in questo senso puramente clinico e – lo riconosco – un po' terra terra, molti autori hanno impiegato il termine in senso molto più alto. Con questo termine sono state designate attività straordinarie che esistono in noi, così sembra, senza che noi ne sospettiamo l'esistenza; ci si è serviti di questo termine per spiegare entusiasmi improvvisi e divinazioni del genio.[...] I poveri malati che io studiavo non avevano alcuna genialità: i fenomeni, che in loro erano diventati subcoscienti, erano fenomeni molto semplici, fenomeni che negli altri uomini fanno parte della coscienza personale, senza che questo susciti alcuna ammirazione. Essi ne avevano perduto la libera disponibilità e la conoscenza personale, avevano a riguardo una malattia della personalità, e questo è tutto. [...] Nella nostra ignoranza, ciò che sappiamo è semplicemente che alcuni fatti complessi – per esempio una risposta intelligente ad una domanda -
> dipendono da due cose che consideriamo collegate e cioè da un meccanismo cerebrale superiore e da un fenomeno che chiamiamo un fattore di coscienza (Janet, 2016, p. 22).

I.11. Un caso di "possessione demoniaca"

Si tratta del caso di Achille, un uomo di 33 anni affetto da deliri di possessione demoniaca, che Janet aveva analizzato in un laboratorio della Salpetriére, di sui Charcot lo aveva nominato responsabile.

Achille (appartenente ad una classe sociale bassa), aveva un padre, che secondo i pettegolezzi, aveva fatto un patto con il diavolo, da cui riceveva dei soldi; Achille manifestava delle superstizioni a causa di questa storia ed era molto credente.

Nel 1890 aveva fatto un viaggio d'affari, al suo ritorno, sembrava diverso, non manifestava affetto verso moglie e figli e parlava pochissimo fino a quando un giorno si svegliò iniziando prima a piangere e dopo a ridere a crepapelle, subito dopo iniziò a bestemmiare e a pronunciare strane frasi e insulti alla religione, dopo, ritornando in sé, affermò che non era lui a pronunciare quelle frasi, ma il demonio.

Il diavolo aveva anche l'abitudine di criticarlo ossessivamente "tu menti" gli diceva; Achille si infliggeva anche dei tagli, senza che tuttavia provasse dolore, tipico delle "possessioni demoniache". La condizione dura per diverso tempo, al punto che i familiari decidono di portarlo alla Sellpetriére.

Janet, quando entra in contatto col delirio di Achille, decide di provocare il diavolo, facendo leva su quello che è stato sempre il peccato veniale dei demoni: la vanità "non credo al tuo potere, puoi darmene dimostrazione?" Il diavolo risponde alla provocazione alzando il braccio del poveretto, senza che lui se ne accorgesse[10].

Janet riesce, provocando il diavolo, finalmente a farlo addormentare, in una sorta di stato ipnotico Achille racconta dei passi fondamentali per la risoluzione del caso: durante il suo viaggio aveva tradito la moglie, concedendosi diversi svaghi lontano dalla famiglia.

Afferma Janet, che la sua presunta possessione in realtà fosse da attribuire all'emozione del rimorso provata dopo l'accaduto. Questo sentimento era stato rifiutato e dimenticato, ma la sua potenza continuava a manifestarsi in sogni e deliri, causa anche l'educazione religiosa ricevuta e le sue credenze superstiziose. L'idea "fissa" si era staccata dalla normale coscienza per formare un

---

10 Scrive Janet a proposito degli atti mentali automatici: Sono atti antichi già eseguiti in passato, che in un certo momento sono stati in perfetto rapporto con l'insieme delle circostanze ma che oggi non sono più adatti alla situazione presente. Sono legati a un solo avvenimento presente che ne è una sorta di segnale, ma non sono in accordo con tutti gli altri perchè si producuno senza che noi li abbiamo combinati né adottati. Inoltre, questi atti non sono completamente ricollegati alla nostra personalità, e spesso si producono perfino al di fuori di essa. In una parola, gli atti automatici sono involontari, non accordati alla situazione presente e più o meno subcoscienti (Janet, 2016, p. 199).

Fenomeni automatici, sono per Janet, anche quelli della scrittura automatica dei medium nelle sedute spiritiche, che risultano stupiti successivamente all'accaduto.

gruppo dissociato.

La risoluzione del caso è stato il semplice metterlo a conoscenza del suo rimorso, da lì a pochi giorni Achille inizia a giudicare criticamente il suo delirio, a riacquistare la sensibilità del corpo, a ritrovare dei ricordi perduti.

A tre anni di distanza dall'evento Achille scrive una lettera a Janet e lo aggiorna sul miglioramento del suo stato di salute mentale e fisico.

CAPITOLO II

Nietzsche: la morte della coscienza e la grande ragione del "saggio ignoto"

II.1. Introduzione

Nietzsche è senza dubbio uno dei personaggi più interessanti della storia della filosofia. L'interesse che spinge verso la passione per questo autore è probabilmente la sua fama di filosofo atipico, la sua rivoluzionarietà e il contributo dato alle scienze umane del '900.

Più di ogni altro ha provato a scrollarsi di dosso secoli di cultura occidentale che fonda le sue basi nel Cristianesimo e dal punto di vista filosofico in Socrate prima di tutto.

La sua dottrina che ha come compito quello di indagare al di là delle solite dottrine scientifiche, teologiche e metafisiche, porta Nietzsche a rifiutare la morale dei sui tempi e inventare dei nuovi credi (es. quello del super-uomo) e dei nuovi valori pur avendo sempre rifiutato in realtà di scrivere una nuova morale.

Il suo ateismo gli ha permesso di svincolarsi dalla morale cristiana e la sua passione per l'arte e la musica di svincolarsi dallo scientismo (inteso come fede assoluta nella scienza) e dal positivismo dell'epoca.

Ma i temi che hanno più impressionato sono quelli legati alle scienze umane e alla psicologia: egli partendo dalle concezioni di Taine e Ribot, influenzati a loro volta dalle scoperte citologiche, rielabora un'originale teoria sull'io, della sua precarietà e instabilità. Le sue concezioni di "istinto gregario", "morale del gregge", invece, hanno influenzato più che altro l'ambito sociologico.

Trovo utile adesso illustrare la vita di Nietzsche perché rappresenta, secondo me, un pezzo di storia dell'Occidente, inoltre aiuta a comprendere le diatribe che hanno portato a scrivere le sue opere.

II.2. Nietzsche: vita e opere

Friedrich Wilhelm Nietzsche (Fritz per gli amici) nasce il 15 Ottobre 1844 nella piccola città tedesca di Röcken. Egli amava sostenere che apparteneva come discendente alla nobile stirpe polacca dei Niëzky, anche se dalle ricerche non è stato confermato. L'accesa religiosità della famiglia sembra prepararlo a un futuro da pastore protestante (l'equivalente del sacerdote cattolico) sulle orme del padre e dei nonni.

Il bambino deve fare i conti subito con le difficoltà dovute alla morte del padre per una malattia cerebrale nel 1849, seguita qualche mese dopo da quella del fratello minore, che costringe Fritz e la famiglia a trasferirsi (compresa la sorella Elisabeth) nella città di Naumburg.

Nella scuola locale il giovane Fritz si fa notare subito per la sua fama di alunno particolarmente serio e responsabile. Un episodio descrive più di tutti gli altri la caparbietà del suo carattere: un giorno dopo la scuola si scatena un violento acquazzone, gli altri ragazzi ritornano a casa correndo e schiamazzando, il giovane Nietzsche invece prosegue a passo lento fino ad arrivare bagnato fradicio a casa e alle accuse delle madre risponde che il suo comportamento si era semplicemente attenuto a rispettare il regolamento scolastico, secondo cui gli alunni dovevano lasciare la scuola con ordine e senza trambusto, qualsiasi cosa succedesse.

Nonostante negli ultimi periodi si proclamerà addirittura incarnazione dell'Anticristo, nei suoi primi anni di vita curioso è il suo rigore religioso, tanto che i compagni lo chiamano "il piccolo pastore" identificandolo come il successore di suo padre.

A sei anni inizia la sua formazione musicale al pianoforte, che lo porterà presto a comporre della musica. A nove anni cominciano a manifestarsi le sue prime emicranie che lo accompagneranno per il resto della sua vita. A dieci anni inizia a scrivere poesie e a dodici il suo primo saggio filosofico.

A 14 anni vince una borsa di studi che lo porterà nei sei anni successivi a frequentare il prestigioso collegio di Pforta, dove si appassionerà e studierà i classici latini e greci. Era uno studente brillante e abile anche nello sport, anche se per colpa delle sue condizioni di salute è costretto spesso a stare in infermeria o a casa, inoltre ci si mette pure l'inizio di una miopia.

Il periodo trascorso a Pforta, fa si che Nietzsche sviluppi delle regole di vita ferree che l'accompagneranno a continuare i suoi scritti anche nei momenti di forte solitudine (Llàcer, 2015, pp. 15-18).

II.2.1. Lo studente

Nietzsche si diploma nel 1864 con un lavoro in latino su Teognide, poeta greco sostenitore della superiorità aristocratica, nello stesso anno si trasferisce a Bonn per intraprendere gli studi universitari di filologia classica e di teologia per gentile concessione alla madre. In questi anni, oltre agli studi, si dedica alla vita mondana universitaria entrando a contatto con una confraternita, il fumo e l'alcol, ma sperimenta presto un senso di tristezza per causa della sua natura aliena ad ogni forma di gregarismo.

È solito in questo periodo frequentare locali e case chiuse in cui suonava il pianoforte, in questo periodo contrae la sifilide, che vent'anni dopo sarà indicata come la causa del suo decesso cerebrale.

Nel periodo trascorso a Bonn comincia a vacillare la fede di Nietzsche che fin ad allora l'aveva accompagnato, infatti scrive alla sorella: "se vuoi raggiungere la pace dell'anima e la felicità, allora credi; ma se vuoi essere discepolo della verità, indaga". In seguito, nel 1865, abbandona gli studi di teologia a Bonn per studiare solo filologia classica, trasferendosi a Lipsia.

Nei quattro anni successivi si farà un cospicuo curriculum da filologo, pubblicherà rassegne e saggi su riviste specializzate, parteciperà alla Società Filologica e uno dei suoi lavori vincerà il premio accademico. In questo periodo Nietzsche agisce sotto la guida del prestigioso docente Friedrich Wihem Ritsch, carismatico ed esigente insegnante che riusciva a trarre il meglio da lui.

Di quegli anni a Lipsia è anche la conoscenza di due figure fondamentali per Nietzsche: il filosofo (già morto) Arthur Schopenhauer e il compositore Richard Wagner. In un negozio di libri usati si imbatte in *Il mondo come volontà e rappresentazione,* la grande opera di Schopenhauer che legge in pochissimo tempo, e da quel momento si convertirà alle idee dell'autore e ne diffonderà il pensiero.

Schopenhauer è stato sicuramente un filosofo atipico, muovendo da Kant e dalla filosofia orientale, il suo intento è contrastare l'idealismo tedesco del tempo (Fichte, Schelling, Hegel) che considera come la filosofia delle vuote astrazioni lontane dalla vita e dall'esperienza pratica.

In seguito adotterà la prospettiva Schopenhaueriana per affrontare questioni fondamentali: l'universo non è tutto ordinato e stabile, bensì un caos dominato da una forza irrazionale, la Volontà (che diventerà poi "volontà di potenza"), la coscienza umana non è una facoltà privilegiata, ma un accidente tardivo e insignificante sottomesso alla forza degli istinti; la storia non è retta dal progresso o dall'evoluzione, ma è una successione di eventi privi di senso e finalità; la manifestazione suprema dello spirito umano non si ritrova nella conoscenza razionale e scientifica, ma nell'arte e in particolare nella musica. Nietzsche, inoltre, cattura delle caratteristiche dal suo maestro come la lingua tagliente e il polemizzare, senza però rinunciare mai ad un modo di scrivere limpido ed elegante. Lo stile Schopenhaueriano sarà centrale da lì in poi nei suoi primi scritti, ma poi il vitalismo Nietzscheano diventerà incompatibile con il pessimismo metafisico del maestro.

Nel 1867 è chiamato alle armi per il servizio militare, ma la sua esperienza dura pochi mesi per una caduta da cavallo che gli comporta numerose fratture e cure dolorose, da cui acquisisce anche dei problemi gastrici che da allora non l'abbandoneranno più.

L'anno successivo, avviene l'incontro con Richard Wagner, in visita a Lipsia, interessato a conoscere il talento del giovane Nietzsche. Insieme, condividono la passione per Schopenhauer, inoltre per Nietzsche Wagner è un esempio, in quanto incarnazione del pensatore libero e ribelle come Schopenhauer, capace di elevarsi al di sopra della mediocrità.

Nel 1869, sotto raccomandazione di Ritschl, a 25 anni ottiene una prestigiosa cattedra di Lingua e letteratura greca all'Università di Basilea, Nietzsche accetta non perché la filologia fosse la sua passione, ma perché poteva dedicarsi ai suoi scritti filosofici e perché il posto dava una certa rispettabilità (Llàcer, 2015, pp. 18-25).

II.2.2. Il docente

Dopo aver preso la cattedra, inizia forse per Nietzsche il momento più felice della sua vita: si reca spesso a trovare Wagner nella sua casa in campagna e lì, insieme ad altri musicisti e pensatori, passano ore a suonare il piano e a conversare su musica e filosofia; è qui che Nietzsche conosce anche Cosima Wagner che definisce la "donna più simpatica" e del quale pare fosse segretamente e platonicamente innamorato.

Nel 1870 la Prussia dichiara guerra alla Francia, passo che segna il culmine del processo di unificazione tedesco. Nietzsche vede nel conflitto un' irruzione di forze "dionisiache" nella società del suo tempo e questo lo porterà ad arruolarsi come volontario, anche se poi farà l'infermiere.

Dopo la vittoria della Prussia, Nietzsche apprende con disgusto che la guerra non è servita a irrobustire la cultura del suo Paese ma si è rivelata uno strumento a servizio dello Stato e dell'economia del nuovo Reich, per questo motivo la sua visione patriottica andrà scomparendo insieme ad ogni forma di nazionalismo.

Dopo la guerra, Nietzsche inizia a dedicarsi alla scrittura del suo primo libro che uscirà nel 1872: *La nascita della tragedia. Grecità e pessimismo,* in cui racchiude il suo amore per la Grecia arcaica, la sua passione per Schopenhauer e Wagner e il suo disprezzo per il sapere accademico. Nello stesso testo Nietzsche concepisce la filologia in maniera particolare: la verità che si prefigge di raggiungere non è quella della scienza che tende all'oggettività, ma

quella di una conoscenza orientata a intensificare l'esperienza di vita; egli vede nascosto nella tragedia dei pre-socratici l'unico modo di raccontare la verità contraddittoria e drammatica della vita, opponendosi fermamente a Socrate, da egli definito come il prototipo dell'uomo teorico che aveva offuscato l'irrazionalità della tragedia. Il libro viene difeso pubblicamente solo da Wagner e pochi amici, giudicato dalla critica troppo schierato e polemico, accusato da alcuni addirittura di megalomania.

Pur avendo perso popolarità e rispetto tra i suoi colleghi, Nietzsche è deciso ad andare fino in fondo col suo programma di rinnovamento culturale, così pubblica, a seguito di una serie di conferenze, *Sul futuro delle nostre istituzioni educative*. A causa dei suoi problemi agli occhi, devo ricordare che le opere furono scritte sotto sua dettatura da amici come Gersdorff e Peter Gast.

Sempre nel 1873 conosce il filosofo ebreo Paul Rée, che diventerà uno dei suoi migliori amici.

Tra il 1873 e il 1876 Nietzsche pubblica le quattro *Considerazioni inattuali,* dove si presenta come un "medico della cultura" capace di individuare i mali di cui soffrivano le istituzioni al tempo e di porvi rimedio con il metodo tragico.

In questo periodo versa in uno stato di salute pessimo. Nel 1876 gli viene concesso un anno sabbatico per le condizioni di salute e decide di partire in viaggio in Italia con Paul Rée, dove inizia anche a elaborare le prime idee per *Umano troppo umano. Un' opera per spiriti liberi,* che verrà pubblicata l'anno successivo al suo rientro a Basilea. La nuova opera questa volta si rifà all'epoca illuminista, inneggiando ad un libero pensiero che favorisca la conoscenza pratica contro il dogmatismo di filosofia, metafisica e religione; l'autore qui sembra abbandonare il romanticismo iniziale, introducendo anche lo stile dell'aforismo, che lo accompagnerà da quel momento in molti suoi scritti e ne farà una peculiarità.

Il giudizio del pubblico non sembra, neanche stavolta, molto positivo e soprattutto Wagner rifiuta la nuova prospettiva dell'autore, essendosi convertito al Cristianesimo: questo segna nel 1878 la rottura definitiva tra i due. Inoltre Wagner in quel periodo si schiera a favore del nazionalismo e dell'antisemitismo e ciò lo rende riprovevole agli occhi di Nietzsche, che, nonostante i suoi scritti saranno usati in seguito come fonte di ispirazione dai nazisti, sarà un fermo sostenitore della lotta contro l'antisemitismo e il nazionalismo.

Dal 1879, per via dei gravi problemi di salute è costretto a lasciare la cattedra di Basilea con una pensione anticipata e questo lo condurrà negli anni successivi a una vita da nomade che si aggira tra Germania, Svizzera, Italia, Francia alloggiando in piccole pensioni (Llàcer, 2015, pp. 25-33).

II.2.3. Il viandante

Nonostante i suoi problemi di salute, in un soggiorno con la famiglia a St. Moritz riesce a "scrivere" *Il viandante e la sua ombra*, seconda parte di *Umano troppo umano.*

Nel Novembre del 1880 in un soggiorno a Genova, in completo isolamento, termina *Aurora, Riflessioni sui pregiudizi morali,* altro scritto che, usando lo stile aforistico, mette in dubbio i valori della cultura dominante, sostituiti da un pensiero autonomo, nasce così il Nietzsche "immoralista".

Nell'estate del 1881 scopre Sils Maria, villaggio svizzero a seimila piedi sopra il livello del mare (posto che visiterà regolarmente fino al crollo mentale del 1888), qui fra laghi, boschi e incantevoli paesaggi trova l'ispirazione per l'idea che diventerà centrale nel suo pensiero "l'eterno ritorno" di tutte le cose. Nello stesso periodo scopre Spinoza, che diventerà per lui un modello da seguire anche per l'analoga fama di lupo solitario.

Nel 1882 lavora a *La gaia scienza,* opera scritta come continuazione di *Aurora*, un testo intriso di spirito scientifico illuminista e macchiato dalla vena umoristica di un menestrello, la cui giovialità sembra trarre ispirazione dalla *Carmen* di Bizet, opera scoperta qualche anno prima a Genova e da cui era ossessionato.

In aprile, a Roma, tramite Paul Rée, conosce la ventunenne russa Lou Von Salomé[11], invaghitosi dell'intelligenza e dello spirito libero della donna accetta di andare a vivere per un certo periodo con lei e l'amico Paul, per una convivenza puramente intellettuale. Qualche mese più tardi il progetto si interrompe per causa delle gelosie verso l'amico Paul, che le aveva chiesto all'insaputa di Nietzsche di sposarla senza successo, la diatriba si interrompe con l'esclusione di Nietzsche dal trio. Nietzsche chiede a Lou di sposarlo in due occasioni, senza successo, per poi cadere in uno stato depressivo causato dall'ambivalenza dei sentimenti provati per la donna, da un lato venerate come spirito libero (successivamente dirà di aver trovato con lei quello che lui chiamava s*uperuomo*), dall'altro deluso per il suo insuccesso con le donne. Scrive a Lou lettere molto dure, anche se giustificandosi di essere un uomo che la troppa solitudine aveva reso pazzo. Oltretutto, Lou, era considerata dalla madre a dalla sorella come una donna di facili costumi e manipolatrice, questo porta Nietzsche a interrompere i rapporti con le due.

In questi giorni, del 1883, in cui la disperazione fa da padrone, Nietzsche coglie l'ispirazione per la sua opera più importante *Così parlò Zarathustra. Un libro per tutti e per nessuno.*

L'opera è una racconto, il cui protagonista, un profeta di nome Zarathustra, nella solitudine,

11 Figura femminile emblematica e forte che qualche anno dopo avrà a che fare anche con Freud e la psicoanalisi, di cui si dice che Freud fosse amante segreto.

incontra ogni genere di personaggi simbolici: animali (aquile, serpenti, asini, scimmie), umani (discepoli, ballerine, funamboli, mendicanti); durante i suoi vagabondaggi il profeta pronuncia una strana specie di "sermoni morali", in cui si parla per la prima volta di temi come il superuomo, la volontà di potenza e l'eterno ritorno, che diventeranno centrali nella filosofia nietzschiana.

Con il suo stile poetico e allegorico il filosofo trasmette un tipo di esperienza che non ha bisogno di argomentazione, nel tentativo di stimolare l'immaginazione nei suoi lettori per far rivivere l'esperienza di illuminazione che aveva vissuto lui, un esperimento di rottura dal pensiero razionale che aveva vissuto la filosofia da Socrate in poi. L'opera al tempo non gode di molto successo, anche a causa delle poche copie stampate per amici e parenti, 30 anni dopo il governo tedesco ne farà stampare 150.000 per i soldati tedeschi nel corso della Prima guerra mondiale.

La solitudine e la disperazione di Nietzsche si fa sentire sempre di più, tanto che passa giornate davanti allo specchio dicendosi "amico Nietzsche, ora sei talmente solo". Nello stesso periodo muore Wagner, Nietzsche da un lato è addolorato, dall'altro sperimenta un sentimento di sollievo, per non dover essere più in contrasto con l'amico che prima aveva tanto venerato.

Un altro avvenimento mette a dura prova la vita di Nietzsche, la sorella si fidanza con Bernhard Förster, un uomo che Nietzsche detesta perché antisemita e ultra nazionalista tedesco, inoltre fanatico di Wagner. Dopo il matrimonio la coppia si trasferisce in Paraguay per creare Nueva Germania, colonia tedesca fondata sull'idea della superiorità della razza ariana.

Nel 1885 scrive la quinta parte di *Così parlò Zarathustra,* ma senza ambizioni ne fa uscire una quarantina di copie per pochi lettori.

Sempre nello stesso anno scrive *Al di là del bene e del male. Preludio a una filosofia del futuro,* opera in cui ritorna al suo stile aforistico. Questa volta però, nell'intento di farsi conoscere, ne fa stampare 600 copie che invia a riviste e periodici, che paragonano l'opera ad un invenzione del tempo: la dinamite.

Subito dopo lavora all'opera che considererà come il compimento del suo pensiero *La volontà di potenza. Saggio sulla trasvalutazione dei valori* (la sorella, con l'aiuto di Peter Gast, alla morte del fratello, ordinerà, sopprimerà e inserirà materiali inediti decisamente discutibili).

Negli ultimi anni prima della malattia mentale, Nietzsche malgrado i gravi problemi di salute, la solitudine, i problemi economici, troverà la forza di scrivere ancora per far valere il suo essere di pensatore libero, anche perché interpreta la sua solitudine come una missione necessaria per portare avanti la sua capacità di portare alla luce verità scomode.

Nel 1887 scrive *La genealogia della morale. Uno scritto polemico* che non è una raccolta di aforismi, ma, un trattato sistematico per smontare la morale del cristianesimo: opera in cui si avverte l'influenza di Dostoevskij, che sente più affine a sé come psicologo. Allo stesso periodo risale pure la pubblicazione di *Inno alla vita,* composizione per pianoforte e orchestra ispirata a una poesia di Lou Salomé (Llàcer, 2015, pp.33-42).

II.2.4. Il folle

Nel 1888, prima del crollo mentale, si trasferisce nella città di cui si innamora, Torino, qui inizierà a condurre una vita regolare, all'insegna di passeggiate pomeridiane e alimentazione sana, e finalmente riprende un buono stato di salute che gli permette di scrivere solo in quell'anno addirittura cinque libri.

Qui ottiene i primi riconoscimenti al suo pensiero, a Copenaghen il professore ebreo Georg Brandes intrattiene delle conferenze sul pensiero di Nietzsche e la notizia arriva presto alle sue orecchie. Intrattiene scambi epistolari con il celebre drammaturgo svedese August Strindberg in merito ad una traduzione delle proprie opere e con il grande esponente del naturalismo francese Hippolyte Taine. Inoltre, è seguito da una cospicua nicchia di ammiratori.

Per colpa del maltempo anticipa il soggiorno estivo a Sils-Maria, dove scrive *Il crepuscolo degli idoli. Come si filosofa col martello,* (titolo che rimanda all'opera di Wagner *Il crepuscolo degli dei)* che mira a fare a pezzi gli ideali della nostra civiltà (ragione, bene, verità) che adoriamo come fossero degli idoli.

Alla fine dell'anno scrive *L'anticristo. Maledizione del cristianesimo* opera che si presenta come un attacco feroce ed acido alla religione cristiana. Poco dopo aver compiuto 45 anni, inizia a scrivere la sua autobiografia *Ecce Homo. Come si diventa ciò che si è* libro che traccia un ritratto della vita e il pensiero dell'autore, trovando un filo conduttore tra le due.

In dicembre Nietzsche conclude le sue ultime due opere *Ditirambi di Dioniso* e lo spietato pamphlet *Nietzsche contra Wagner. Documenti di uno psicologo* (l'ossessione per il compositore l'aveva già portato a scrivere *Il caso Wagner),* per Nietzsche Wagner non rappresenta solo l'ex amico, ma il prototipo ideale per parlare della decadenza della Germania e dell'Europa.

Questo suo volere a tutti i costi l'inversione di rotta della storia dell'Occidente lo porterà ai primi segnali che rasentavano la malattia mentale, degli autentici deliri di grandezza.

Le sue lettere si fanno sempre più fanatiche e megalomani, scrive che ha nelle proprie mani il futuro dell'umanità; anche la famiglia torinese dove alloggia inizierà a preoccuparsi: "parlava da solo, suonava il piano in modo strano, ballava nudo nella sua stanza". Fino a quando il 3 gennaio 1889 in piazza Carlo Alberto, vedendo un cocchiere frustrare il suo cavallo, Nietzsche si lancia abbracciando il cavallo al collo, si scioglie in lacrime e sviene.

Qualche mese dopo, il suo amico Overbeck arriva a Torino, lo fa prelevare per portarlo all'ospedale psichiatrico di Jena; la diagnosi è una sifilide in stato avanzato, sebbene verranno proposte anche altre teorie alternative sulla sua malattia.

Le condizioni sembrano peggiorare, la madre, nel 1890 decise di curarlo nella casa familiare di Naumburg, nel frattempo, la sorella rientra dal Paraguay, a seguito del suicidio del marito, dovuto all'insuccesso della colonia razziale.

Nel frattempo le vendite delle opere cominciano a decollare, alimentate da una buona dose di curiosità per le vicende che circondavano la sua vita e la sua follia.

Nel 1894 viene fondato a Naumburg l'Archivio Nietzsche, che 3 anni dopo la morte della madre viene trasferito a Villa Silberblick, a Weimar.

La sorella prende la direzione dell'archivio e decide di fare manipolare deliberatamente i testi del fratello, facendo in modo che risultasse come uno dei fondatori nel nazionalsocialismo (Hitler visiterà il luogo nel 1933).

Nietzsche soffre di una paralisi progressiva, che fa si che riesca a malapena a parlare; ridotto quasi in stato vegetativo, muore a cinquantacinque anni il 25 agosto del 1900 (Llàcer, 2015, pp. 42-48).

II.3. Io, coscienze e corpo

Nietzsche afferma di essersi dedicato, dopo il suo periodo da filologo a Basilea, allo studio di fisiologia, medicina e scienze naturali, fondamentale importanza, ha avuto per lui, un libro scritto da un allievo di Virchow: *Der Kampf der Theile im Organismus. Ein Beitrag zur Vervollständingung der machanischen Zwecksmässigkeitslehre,* uscito a Lipsia nel 1881.

Senza queste conoscenze di base sarebbe stato impossibile concepire la sua concezione sulla pluralità degli io, che sicuramente risente anche dell'influenza di Ribot, nonostante quella di Nietzsche, in realtà, si presenti molto più complessa.

La concezione di Nietzsche si presenta subito come una valorizzazione del corpo, che fino ad allora, dai tempi di Socrate era stata negata, la "grande ragione" del corpo, il "saggio ignoto" che abita in noi.

Nonostante l'autore non sottovaluti l'antica e veneranda ipotesi dell'anima, è convinto che per avvalorarla, bisogna valorizzare prima il concetto di corpo.

Necessario è, dunque, cancellare l'originaria tesi platonica, ripresa, secondo lui anche dal cristianesimo[12], per cui il corpo è prigione dell'anima e capovolgerla, richiamando le parole di Foucault, eco di quelle di Nietzsche "l'anima è prigione del corpo". Ora che i tempi lo permettono, è doveroso rivalutare il ruolo del corpo, ridotto in passato a grottesco involucro contenente la farfalla (l'anima) che dovrebbe librarsi da esso:

> Un tempo l'anima guardava con disprezzo al corpo: e allora questo disprezzo era la cosa più alta: essa lo voleva magro, orrendo, famelico. Così pensava di sfuggire al corpo e alla terra. Oh, ma quest'anima era anche lei magra, orrenda e famelica: e la crudeltà era la voluttà di quest'anima (Pollo, 2008, p. 148).

Il corpo, per Nietzsche, è stato mutilato e trattato come un oggetto inutile dalle civiltà antiche, questo ha fatto si anche che si trattassero con timorato disprezzo le parti, gli istinti e le passioni umane, introducendo pure una sorta di desiderio verso di esso perché vietato e estraniato.

Per Nietzsche, la persona non ha il corpo, ma è il corpo, bisogna tenere presente che per Nietzsche il corpo è formato "di un enorme quantità di monadi dotate di qualche grado di psichismo" ovvero di coscienza, perché ci sono "nell'uomo tante coscienze quanti sono gli esseri – in ogni istante della sua esistenza – che costituiscono il suo corpo" (Pollo, 2008, pp. 148-149).

---

12 Nietzsche, come molti, crede che la prospettiva cristiana coincida con quella dell'Antica Grecia, secondo cui l'anima, come una farfalla, debba dispiegarsi dal proprio corpo dopo la morte, verso la vita eterna. In realtà, essa non è l'unica concezione, in quanto, molti cristiani ritengono che non sia l'anima ad essere chiamata alla resurrezione, ma il corpo.

Quella che in genere viene indicata come coscienza, è una tra le molte, quella dominante, appare unica perché:

> rimane protetta e staccata dall'infinita varietà di vicende di queste molte coscienze e, come coscienza di rango superiore, come pluralità e aristocrazia dominante, ha a che fare solo con una scelta di esperienze, per di più solo esperienze semplificate, rese perspicue e intellegibili e dunque falsate – perché l'intelletto continui da parte sua in questo semplificare e rendere perspicuo, e dunque falsare preparando ciò che si chiama comunemente una volontà (Pollo, 2008, p. 149).

In altre parole, l'intelletto semplifica perché solo così è possibile evitare la paralisi della volontà, che contrariamente si troverebbe a fare i conti con un cospicuo numero di volontà che andrebbero in direzioni diverse e porterebbero l'individuo alla follia.

Per dirlo con una metafora calzante, se non si prendessero continue decisioni, "se non si compissero continui colpi di stato della volontà, se non vi fosse una coscienza *superiorem non recognoscens,* se ogni atto di volontà non presupponesse la nomina di un dittatore, la specie umana si estinguerebbe, per funzionare l'intelletto è costretto a cancellare i rumori di fondo, escludere dal suo campo percettivo il sordo lavorio dei subordinati: in ogni essere umano complesso deve esistere una massa di coscienze e di volontà, tuttavia la nostra coscienza suprema tiene solitamente chiuse le altre" (Bodei, 2009, p. 84).

La visione di Nietzsche è sicuramente affine alla sua lettura di Taine e Ribot (temi trattati qualche anno dopo anche da Janet), per spianare la strada alla volontà, la coscienza ha un compito illusorio, quello di semplificare e riassumere (sintesi mentale), il cospicuo numero della colonia di cellule.

Nietzsche afferma che l'io è "una pluralità di forze di tipo personale, nelle quali ora l'una ora l'altra vengono alla ribalta, come ego, e guardano alle altre come un soggetto guarda a un mondo esterno ricco di influssi e di determinazioni. Il soggetto è ora in un punto, ora nell'altro"13 (Bodei, 2009, p. 85).

Egli afferma che la coscienza è costituita da "una molteplicità di coscienze", così come il corpo "da una pluralità con un senso, una guerra e una pace, un gregge e un pastore [e ancora che l'io] è una costruzione societaria di molte anime" (Bodei 2009, p. 85):

"Io comprendo solo un essere che sia al tempo stesso uno e plurimo, che si trasformi e permanga, che conosca, senta, voglia – questo essere e il mio fatto originario" (Bodei 2009, p. 85).

Nietzsche, inoltre, capovolge l'antica idea del Cogito cartesiano, spiegando come non è l'io o l'anima a costituire il pensiero, ma al contrario, il pensiero, che godendo di una certa autonomia,

---

13 Nietzsche con le sue conclusioni, si ispira a *Des sociétés animales* di Espinas, a Taine, a cui aveva dedicato anche una recenzione *Taine un die décadence* in *Nietzsche. Cent ans de réception française*, e a *Le maladies de la volonté* di Ribot..

crea continuamente l'io: " Io dici tu, e sei orgoglioso di questa parola. Ma la cosa ancora più grande, cui tu non vuoi credere – il tuo corpo e la sua grande ragione: essa non dice *io* ma fa *io*" (Bodei, 2009, p. 85).

Da Cartesio in poi [...] da parte di tutti i filosofi, sotto l'apparenza di una critica al concetto di soggetto e di predicato, si perpetra un attentato contro l'antico concetto di anima – vele a dire: un attentato al presupposto fondamentale della dottrina cristiana. La nuova filosofia, in quanto scepsi gnesologica, è nascostamente o apertamente anticristiana: nonostante che, sia detto per orecchie più acute, non sia affatto antireligiosa. Una volta, infatti, si credeva all'anima come si credeva alla grammatica e al soggetto grammaticale: si diceva l' *io* è condizione, *penso* è predicato e condizionato – pensare è un'attività per la quale un soggetto deve essere pensato come causa. Si tentò allora con un'astuzia e una tenacia degna di ammirazione, se non ci si potesse tirare fuori da questa rete, se non fosse vero il contrario: *penso* condizione, *io* condizionato; *io* dunque solo una sintesi che viene operata dal pensiero stesso. Kant voleva in fondo dimostrare che, partendo dal soggetto, il soggetto non può essere dimostrato – neppure l'oggetto: la possibilità di un'esistenza apparente del soggetto, dunque dell'anima non può essergli stata sempre estranea, quel pensiero che è già esistito una volta sulla terra, con immenso potere, come la filosofia del Vedanta (Nietzsche, 1882-1895 p. 468, cit. in Pollo 2008 pp. 149-150).

Per Nietzsche, la questione è che fin ad allora, la fede nell'io è sempre stata nella fede per la logica (da Socrate in poi), questo fa si che l'intelletto è costretto a legarsi alla logica statica dell'essere, secondo Nietzsche invece, la certezza immediata non esiste, se non altro perché "l'io penso" "presuppone il confronto del mio stato attuale con altri stati che io conosco e a me attinenti, al fine di stabilire che cosa esso sia: a causa di questo rinvio a un diverso sapere esso non ha per me, in nessun caso, un'immediata certezza" (Bodei, 2009, p. 86).

Su Nietzsche critico di Cartesio, osserva Ruggerini:

L'astratta indubitabilità di me, che assorbe la stessa forza del dubbio iperbolico che la vorrebbe mettere in questione, e la trasforma nella propria arma invincibile, si circonda di difese apparenti, trincerandosi in un'immediata che non ha luogo, se non nel vuoto di un'esperienza puramente verbale [...] nessuno è mai sé stesso come presenza a sé. Piuttosto ciascuno è sempre in cammino verso sé stesso [...]. L'io di ciascuno – doverosamente minuscolo, a questo punto – è così sempre in transito verso un sé che non è mai, anziché costituire un punto di certezza assoluta (Ruggerini, 1994, p. 144, cit. in Bodei 2009, p. 325).

Per Nietzsche, inoltre, il pensiero, causa dell'io, è indipendente dalla volontà e viene quando è "lui" a volerlo. Non si dovrebbe dire *Ich denke*, io penso, ma *Es denkt*, esso pensa. I pensieri nell'uomo nascono spontaneamente, prodotti dal "saggio ignoto", ovvero dal corpo, mentre la coscienza è soltanto la "superficie di un io diventato favola, finzione, gioco di parole" e "un più o meno fantastico commento di un testo inconscio, forse inconoscibile, e tuttavia sentito". Una coscienza che "forse è destinata a scomparire e a far posto a un completo automatismo" (Pollo, 2008, p. 150).

Anche Nietzsche, come il maestro Schopenhauer, riduce l'importanza dell'io e riduce la persona a maschera, queste considerazioni, saranno riprese, anche se in forma diversa, da Freud, Lacan e Pirandello. Nietzsche è anche convinto che bisogna estirpare la concezione dell'anima come:

> qualcosa di indistruttibile, di eterno, d'invisibile, come una monade, come un atomo; questa fede deve essere eliminata dalla scienza! Sia detto tra noi, non è per nulla affatto necessario eliminare con ciò anche "l'anima" e rinunciare a una delle ipotesi più antiche e più degne: come suole accadere a quei naturalisti maldestri, i quali non appena giungono a sfiorarla subito la perdono. Ma la via verso nuove concezioni e raffinamenti dell'ipotesi-anima rimane aperta: e concetti come "anima mortale" e "anima come pluralità del soggetto" e "anima come struttura sociale degli impulsi e delle passioni" vogliono fin d'ora avere diritto di cittadinanza nella scienza" (Pollo, 2008, p. 150).

Nietzsche, in questi suoi scritti, quindi, rifiuta il concetto di anima immortale, che definisce "spregevole e meschina assurdità di una sopravvivenza personale dell'individuo" (Pollo, 2008, p. 150), mentre accetta la concezione secondo cui l'uomo possiede molte anime mortali e che la vita terrena è l'unica che possiede, quindi la vita mortale, per egli, è la vita eterna.

Venendo di nuovo al pensiero, per Nietzsche, i pensieri vanno coltivati perché spuntano spontaneamente dall'*Es* , senza però limitarsi ad accoglierli in maniera passiva:

"Spuntano in noi da giorni umidi e nuvolosi, dalla solitudine, da due parole, le conclusioni: come fossero funghi: eccole arrivate un bel mattino, chissà da dove, e girano attorno lo sguardo per cercarci, con aria grigia e malcontenta. Guai al pensatore che non è il giardiniere, ma soltanto il pensiero delle sue piante" (Bodei, 2009, p. 87).

Sul ruolo secondario della coscienza a favore della grande ragione dell'*Es* e del corpo afferma:

> Tutto ciò che entra nella coscienza costituisce l'ultimo anello di una catena, una chiusura. Che un pensiero sia immediatamente causa di un altro pensiero, è cosa solo apparente. I veri avvenimenti concatenati si svolgono al di sotto della nostra coscienza: la serie e successioni di sentimenti, pensieri, eccetera, che si producono, sono solo sintomi del vero accadere [...]. La coscienza è l'ultimo e più tardo sviluppo dell'organico e di conseguenza anche il più incompiuto e depotenziato [...]. Si pensa che qui sia il nocciolo dell'essere umano: ciò che di esso è eterno, durevole, ultimo, assolutamente originario! Si considera la coscienza una stabile grandezza data! Si negano il suo sviluppo, le sue intermittenze! La si intende come 'unità dell'organismo'! Questa ridicola sopravvalutazione, questo travisamento della coscienza hanno come corollario un grande vantaggio, consistente nel fatto che con

ciò è stato impedito un troppo celebre perfezionarsi della medesima. Perché gli uomini ritenevano di possedere già la coscienza, si sono dati scarsa premura per acquistarla, e anche oggi le cose non stanno diversamente! (Bodei, 2009, p. 87).

II.4. Il modello del baricentro

Come in Ribot, la complessità data dalla pluralità degli io, espone l'uomo al rischio di dissoluzione della personalità quindi di malattia mentale. A differenza, però, di Ribot, che descrive una sistema parlamentare di io/coscienze in cui un "monarca assoluto" prende il controllo, per Nietzsche, l'io è composto di una seria di anime, di una coalizione, una rappresentanza che forma un baricentro mutevole:

> la pluralità degli io, nella sua forma produce un loro spostamento coerente secondo un modello dinamico rappresentato dal variare del centro di gravità, in funzione del quale si dislocano incessantemente gli io di volta in volta in primo piano, ma non in nostro possesso. [...] La personalità egemone è qui il risultato del continuo formarsi in modo agonistico del "soggetto come pluralità" e dell'apparire di forze di tipo personale (Bodei, 2009, p. 90).

Il modello fa sì che Nietzsche concepisca l'identità in modo dinamico, e dotata di un centro di gravità. La coscienza è considerata una sorta di palcoscenico, in cui si avvicendano i diversi io, ognuno di essi quando è in scena rappresenta anche gli altri che sono dietro le quinte.

Occorre precisare, che la malattia mentale, non è causata da uno stato di anarchia delle coscienze, ma corrisponde a un periodo di instabilità, lo slittare troppo frequente e brusco del baricentro, causato di una perdita di "saggezza" del corpo, causa il tracollo psichico.

Nietzsche, paragona la coscienza all'uomo trasportato sul dorso di un delfino, dove il delfino rappresenta il corpo; per egli questo presuppone anche che l'uomo non possa mai realmente conoscersi, quindi nega l'antico precetto delfico "conosci te stesso".

> Che cosa l'uomo sa propriamente di sé? Davvero sarebbe capace, anche solo una volta, di avere di sé una percezione completa, come se si trovasse in una vetrina illuminata? Non gli tace la natura quasi tutto, anche riguardo il suo stesso corpo, per confinarlo e imprigionarlo in una orgogliosa e illusoria coscienza, lontano dal viluppo delle interiora, dal rapido flusso del sangue, dai nascosti brividi delle fibre? Essa ha gettato via la chiave: e guai all'infausta curiosità di guardare dalla camera della coscienza attraverso una fessura all'esterno e nel basso e guai al presentimento che l'uomo poggi su ciò che è spietato, avido, insaziabile, omicidio e stia sospeso in sogno, nella sua beata ignoranza, per così dire sul dorso di una tigre! (Pollo, 2008, p. 251).

La coscienza, per Nietzsche, non è che un modo per gli uomini per comunicare, che serviva un tempo per scampare i pericoli.

Quindi, per il filosofo, la coscienza non è la vera essenza dell'uomo, l'espressione si sé, ma l'espressione di ciò che nell'uomo è natura comunitaria e gregaria, che lo conduce ad adeguarsi alla massa e alla prospettiva del gregge, sedotta dal miraggio dell'uguaglianza:

> Il mio pensiero è che la coscienza non appartenga propriamente all'esistenza individuale dell'uomo, ma piuttosto a ciò che in esso è natura comunitaria e gregaria [...] e che di conseguenza ognuno di noi, con la migliore volontà di comprendere sé stesso nel modo più individuale possibile, di 'conoscere sé stesso', purtuttavia renderà sempre oggetto di coscienza il non individuale, quel che in sé stesso è esattamente 'la misura media'; che il nostro pensiero viene continuamente, per così dire, adeguato alla maggioranza e ritradotto nella prospettiva del gregge a opera del carattere della coscienza, del 'genio della specie' in essa imperante. Tutte quante le nostre azioni sono in fondo incomparabilmente personali, uniche, sconfinatamente individuali, non v'è dubbio; ma appena le traduciamo nella coscienza, non sembra che lo siano più ...(Bodei, 2009, p. 92).

Coloro che sono soltanto gregge, e non al contempo, pastori e gregge di sé stessi, sono destinati a dissolversi in un triste nichilismo e non avranno mai un io.

La propensione che gli uomini avvertono verso il gregge è più antica e potente di quella avvertita verso l'io. Questa propensione spinge gli uomini verso un "non io", rappresentato da una negazione della propria volontà, esistendo in modo non autonomo. L'ego è perciò raro a trovarsi, è d'accordo con l'ipotesi anche Oscar Wilde, che affermerà più tardi:

> L'egoismo è tardo e pur sempre qualcosa di molto raro: i sentimenti del gregge sono più forti ed antichi [...]. Lo scopo della vita è lo sviluppo del proprio io. Il completo sviluppo di se stessi. Hanno dimenticato i doveri più sacri; quelli che si hanno verso di sé [...]. Ma anche il più coraggioso di noi ha paura di se stesso. Le automutilazioni del selvaggio si ritrovano tragicamente nell'autorepressione che martirizza la nostra vita. Siamo puniti per quel che rifiutiamo a noi stessi. Ogni impulso che tentiamo di soffocare, germoglia nella mente e ci intossica (Wilde, 1891, cit. in Bodei 2009, p.328).

Per Nietzsche, quindi, come in Oscar Wilde, l'ego è raro a trovarsi, egli afferma "alcuni uomini sono più persone" mentre "i più non sono nessuna persona [...] l'essere persona sarebbe uno spreco, un lusso"(Bodei, 2009, p. 92), come dirà Adorno rielaborando la teoria di Nietzsche "in molti uomini appare già una sfrontatezza che abbiano il coraggio di pronunciare la parola 'io'"(Bodei 2009, p. 92).

Inoltre, per Nietzsche, avere un io è pericoloso, chi non si adegua alla massa è guardato con sospetto, isolato o mandato al manicomio: "Domina il pregiudizio che si conosca l'EGO, che esso non manchi di farsi sentire continuamente; ma a ciò non si applica né il lavoro né l'intelligenza, - come se, per l'autoconoscenza un'intuizione fosse sufficiente" (Bodei, 2009, p. 92); inoltre per l'autore restiamo imprigionati nell'educazione ricevuta:

Dato il modo in cui oggi veniamo educati, noi riceviamo in primo luogo una seconda natura: e quando si dice maturi, maggiori d'età, utilizzabili, noi la possediamo. Pochi sono abbastanza serpenti da staccarsi un bel giorno questa pelle di dosso, allorquando, sotto il suo guscio, è maturata la lor prima natura. Nei più, avvizzisce il seme di essa" (Bodei, 2009, p. 93).

Dall'idea di Darwin della selezione naturale, Nietzsche prende l'idea che essa conduca all'affermazione dei mediocri, mentre "l'uomo superiore" è colui che è in grado di autoselezionarsi, con i rischi che comporta ciò, senza tuttavia ci sia il bisogno di distruggere i "piccoli uomini".

Nietzsche, non è interessato a trovare una nuova evoluzione della specie umana, come in diverse idee avanzate all'epoca, ma ad una selezione artificiale che l'uomo superiore compie su di sé, crescendo verticalmente e diventando pastore del gregge dei propri io.

L'evoluzione umana ipotizzata da Darwin, per Nietzsche, non è altro che l'interiorizzazione dello spirito del gregge: "Un tempo l'io s'era nascosto nel gregge, e ora nell'io si nasconde ancora il gregge" (Pollo, 2008, p. 152). Per questo, occorre che chi vuole conquistare veramente il proprio sé deve occuparsi di sé stesso, senza curarsi delle accuse di egoismo che gli possono venire rivolte, perché "ciò di cui l'umanità soffre è la mancanza di egoismo" (Pollo, 2008, p. 152), occorre precisare che però per Nietzsche l'egoismo non è visto come una chiusura in se stessi o un isolamento "perché avere sempre e soltanto l'egoismo del predone e del ladro? Perché non quello del giardiniere? Gioa di coltivare gli altri come un giardino" (Pollo, 2008, p. 152). L'individualismo (richiesta liberale di autonomia) e il socialismo (rivendicazione anti-individualistica di eguaglianza) che nascono in contrapposizione, sono per Nietzsche segrete alleate:

> L'individualismo è una forma modesta e ancora inconsapevole della volontà di potenza; qui all'individuo sembra già sufficiente lo sbarazzarsi di un prepotere della società (sia dello Stato, sia della Chiesa). L'individuo le se oppone non come persona, ma soltanto come singolo [in quanto numero]: rappresenta tutti i singoli contro la collettività [...]. Il socialismo è semplicemente un mezzo d'agitazione dell'individuo: questi comprende che, per conquistare qualcosa, deve organizzarsi per un'azione collettiva in potenza (Bodei, 2009, p. 94).

La conquista del sé è perseguita da uomini superiori, spiriti forti che vogliono essere nello stesso tempo gregge e pastore e che sono in grado di sottrarsi al richiamo gregario della specie. Questi uomini sanno rinunciare a se stessi anche perché non hanno più paura di perdersi, di cadere nell'indifferenziato, in loro esiste una pluralità di io, ma il tutto supera la somma delle parti. Essi percepiscono il proprio io, non come un monarca assoluto, ma come un baricentro mutevole che consente agli io di offrire più forze al proprio autosuperamento. Perdere se stessi allora significa perdere l'illusione di avere un io monolitico e accettare la molteplicità degli io come una risorsa a proprio vantaggio.

Questo significa che la negazione del principio di individuazione non conduce, come in Schopenhauer, alla volontà divisa, ma a dire sì alla vita, perché questo significa la congiunzione del principio di individuazione apollineo con quello di indistinzione dionisiaco, mantenere l'ancoraggio dei fenomeni all'eternità del divenire e rifiutare la "fugacità" dell'individuo.

La volontà di potenza è semplicemente un altro modo di dire la vita, un modo per superare se stessi, un mettersi a repentaglio per amore di potenza. L'autosuperamento e il disciplinamento non implicano la negazione della volontà, al contrario, il potenziamento di ogni singolo atto di volontà14.

La concezione dell'io di Nietzsche, trova il suo compimento nella dottrina dell'eterno ritorno, anche perché essa è un modo per far dimenticare a ogni persona il proprio fantastico ego e per far scaturire dall'individualità chiusa in se stessa potenziali effetti liberatori. La dottrina dell'eterno ritorno si pone il problema di trovare un soggetto che sia una "repubblica", rifiutando la "monarchia" di un io, quanto la democrazia egualitaria di molteplici io.

Pur essendo più scientifica, perché influenzata dal pensiero contemporaneo di allora, la dottrina dell'eterno ritorno è la meno dimostrabile, perché riguarda un valore da istituire con una decisione suprema. Eppure, anche se la tesi di Nietzsche fosse falsa, una volta impressa nel pensiero dominante, essa sarebbe in grado di dare agli eventi un senso diverso, di plasmare le convinzioni o le azioni di ciascuno: "Se assimili il pensiero dei pensieri ti trasformerai. Se per ogni tua azione ti domandi: 'è ciò che voglio fare infinite volte?'- Questa domanda è il più grave fardello"(Bodei, 2009, p. 100). Questo pensiero stimolerebbe effetti sconvolgenti, pari a quelli che ha istituito la fede cristiana per paradiso e inferno:

> Il pensiero più grande produce il suo effetto nel modo più lento e tardivo! Il suo effetto più immediato è un surrogato della fede nell'immortalità: aumenta la buona volontà di vivere? Forse quel pensiero non è vero: - che altri lottino con esso. [...] La mia teoria dice: vivere in modo tale che tu debba desiderare di rivivere, questo è il compito – e in ogni caso rivivrai! (Bodei, 2009, p. 332).

Anche Jaspers attirerà l'attenzione sulla funzione di selettore del pensiero dell'eterno ritorno: Nietzsche " ritiene che, sotto il peso del pensiero dell'eterno ritorno, si attui una separazione: coloro che non lo sopportano periranno, mentre coloro che davanti a esso pervengono al loro incondizionato si alla vita saranno costretti a elevarsi" (Jaspers, 1935 p. 327, cit. in Bodei, 2009 p. 332).

Nello stabilire l'avvento dell'eterno ritorno, che rende paradossalmente possibile sia l'avvento del nuovo, sia la liberazione mediante il "così volli che fosse" - dai vincoli del passato che ancora

14 Parlare di volontà, peraltro, è improprio. In Nietzsche, come in Spinoza e Ribot, essa è soltanto una cosrtuzione astratta: non esiste una volontà in senso ontologico, esistono solo singoli atti di volizione.

trattengono l'uomo attuale (cane invecchiato alla catena), Nietzsche sa anche che pochissimi riescono a sopportare questo grande spostamento di baricentro. La maggior parte degli individui sente con malcelata gioia il passaggio del tempo distruttore, gode della caducità di tutte le cose e non sopporta la spontaneità costruita, l'anarchia organizzata di chi sperimenta e vuole dispiegare nella ruota del tempo i suoi molteplici ego (Bodei, 2009, p. 105).

II.5. Genesi e funzione della morale nella prospettiva evoluzionista: Nietzsche incontra Darwin e Spencer

Manca l'influenza di Spencer su Nietzsche

Con l'uscita de' *L'origine della specie* (1859) Darwin fornisce il contributo fondamentale alle vicende legate alla natura dell'uomo, che imprimono una ferita narcisistica all'uomo, considerato non più un essere superiore, ma un essere al pari degli altri animali che per adattarsi è dovuto evolversi; innescando un dibattito che ancora oggi non si è concluso.

Influenzato dai suoi scritti, punto cardine del pensiero di Nietzsche è quello sulla nascita della morale, delle sue implicazioni e il suo rapporto con istinti e natura umana. L'autore scrive dell'argomento in *Umano, troppo umano*, *Aurora*, *La gaia scienza* e *La genealogia della morale*. Si concentra dapprima sullo studio dei popoli primitivi approfondendo studi di antropologia e etnologia, dopo sulle implicazioni del Darwinismo esplicate nei testi di Herbert Spencer (Derby 1820 – 1903 Brighton) e John Stuart Mill (Pentonville 1806 – 1873 Brighton), filosofi di spicco della tradizione inglese, inoltre nel 1880 acquista il celebre testo, tradotto in tedesco, di Hippolyte Taine *Storia della letteratura inglese* (la versione originale è del 1866).

Spencer crede che l'universo sia un sistema omogeneo dove ogni parte manifesta il medesimo assetto, indagare la natura significa riconoscere dietro ogni fenomeno il principio generale dell'evoluzione, che muove ogni cosa dal semplice al complesso, dal disorganico all'organico, dall'omogeneo all'eterogeneo, attraverso un meccanismo di adattamento di organi e funzioni all'ambiente:

> Ogni organismo, nel suo agire, concorre a questo movimento generale: ogni atto finalizzato ad un risultato (cioè quella che Spencer chiama "condotta" e che si distingue da un mero aggregato di azioni) comporta un progressivo adattamento di funzioni e strutture a certi fini particolari, dall'organismo più basso della scala evolutiva fino all'uomo (Fornari, 2006, p. 129).

Scrive Spencer:

> La verità dell'uomo idealmente morale è quello in cui l'equilibrio mobile è perfetto, o si avvicina il più possibile alla perfezione, quando sia tradotta in linguaggio fisiologico, diventa quest'altra verità, che egli è l'uomo in cui tutte le specie di funzioni sono perfettamente adempite. Ciascuna funzione ha qualche relazione, diretta o indiretta, con i bisogni della vita: il fatto della sua esistenza come un risultato dell'evoluzione, è esso stesso una prova che è stata prodotta, immediatamente o remotamente, per l'adattamento delle azioni interne alle esterne. [...] Quindi l'uomo morale è colui le cui funzioni – molte e varie nella loro specie, come abbiamo veduto – sono tutte compiute in un grado opportunamente adattato alle sue condizioni di esistenza (Spencer, 1904, pp. 68-69, cit. in Fornari,

2016, p. 130).

Per Spencer, quindi, la morale non consiste nel limitare l'attività vitale, come quando la si vede come un freno agli istinti, ma il compimento di ogni funzione e obbligatoria per lo sviluppo di ogni forma di vita umana, la "buona" condotta favorisce la propria conservazione, la "cattiva" la danneggia. Esiste infatti, per Spencer, una connessione organica e originaria tra atti piacevoli e atti che promuovono e conservano la vita, ciò che rende felici è quindi utile per giudicare una buona condotta.

Nietzsche, invece, critico di Spencer, considera l'universo e di seguito condizione e società umana, come un caos in cui non vi è un reale progresso, sottomesso agli istinti naturali che cercano di prevalere gli uni sugli altri, questa visione, seppur, in un certo senso "evoluzionista", si scontra apertamente con il pensiero positivista di Spencer. In Nietzsche la morale non è condizione data necessariamente per un fine utilitaristico, inoltre rimprovera Spencer per la sua visione semplicistica, nel considerare la sua nascita come intimamente collegata alla felicità, le condizioni per la sua genesi, per Nietzsche, sono molteplici e legati a molti fattori e contesti culturali. Scrive:

> Questi esaltatori del finalismo della selezione (come Spencer) credono di sapere quali siano le circostanza favorevoli dello sviluppo! E non ci mettono il male! E che cosa sarebbe diventato l'uomo, senza paura, invidia e avidità! Non esisterebbe più: e si pensa l'uomo più ricco, nobile e fecondo senza il male, si pensa una contraddizione (Nietzsche, 1881, cit. in Fornari, 2006, p. 131).

Per Nietzsche è necessario, per un sistema etico, che le cause che lo hanno originate siano celate, come conferma l'aforisma 10 in *Aurora:*

> *Proporzionalità inversa tra senso dell'eticità e senso della causalità.* Nella misura in cui aumenta il senso della causalità, decresce l'estensione del regno dell'eticità: ogni volta, infatti, che si è compresa la necessità degli effetti e si è saputo pensarli avulsi da ogni caso fortuito, da ogni seguito occasionale, si è distrutta una serie innumerevole di causalità fantastiche, alle quali fino a quel momento era stato creduto come a fondamenti di costumi - il mondo reale è assai più piccolo di quello fantastico – e ogni volta si è dileguata un po' di paura e di costrizione, ogni volta è sparito anche un po' di rispetto per l'eticità del costume; l'eticità nel suo insieme ne ha sofferto. Chi invece la vuole aumentare, deve sapere evitare che i risultati diventino controllabili (Nietzsche, 1880, cit. in Fornari, 2006, pp. 135-136).

È proprio in base a questi risultati che invece Spencer pretende di fondare un'etica razionale, una «scienza del retto agire» che non abbia come oggetto una qualche considerazione occasionale degli esiti di un'azione, ma che miri a «determinare come e perchè certi modi di condotta siano dannosi e certi altri benefici [...] questi buoni e cattivi risultati non possono essere accidentali [...] l'indagine razionale è destinata a scalzare quel mondo immaginario di cause fantastiche su cui si regge il mondo morale» (Fornari, 2006, p. 136).

Per ogni essere, secondo Spencer, (Fornari, 2006, p. 137) vi sono dunque le leggi per il retto vivere, dai movimenti riflessi, alla loro fissazione in istinti e poi in azioni complesse, le azioni «buone» ai fini del processo evolutivo vengono selezionate, in base alle esperienze di utilità verificatesi nel corso dell'evoluzione.

Una condotta evoluta, per Spencer, evita il rischio di antagonismi inutili, finisce per promuovere un mutuo aiuto nel conseguimento dei fini. Accanto agli atti istintivi che favoriscono l'autoconservazione e la cura della prole (quelli che Spencer definisce atti di altruismo automatico), abbiamo l'istanza della giustizia, che favorisce il riconoscimento altrui di conseguire il proprio sviluppo, scrive «le azioni dettate della morale diventeranno spontanee e potentemente istintive [...] le azioni più elevate, richieste per lo svolgimento armonico della vita, saranno fatti così comuni come sono quelle azioni inferiori a cui spingono i semplici desideri» (Fornari, 2006, p. 140).

Per Nietzsche, invece, pretendere che l'umanità si muova verso una meta, mostra tutta la debolezza del positivismo ottocentesco, il finalismo evolutivo di Spencer è offuscato dall'idea dell'eterno ritorno, Nietzsche risulta completamente scettico di fronte ad un'ipotesi di movimento unidirezionale di universo e agire umano.

I concetti di buono e cattivo, tanto auspicati da Spencer, per Nietzsche non sono altro che un'invenzione dell'etica religiosa e sociale che costituiscono un modo per mascherare i sentimenti di invidia e di egoismo degli uomini deboli e mediocri verso chi può aspirare a traguardi più alti, come sostiene in *Al di là del bene e del male,* per egli è impossibile creare un metro di giudizio fra azioni «buone» o «cattive», anche perchè il benessere dell'individuo non corrisponde al benessere del gregge, come auspicato da Spencer. Scrive Nietzsche:

> Tutti i moralisti hanno valutazioni in comune a proposito del bene e del male, perchè seguono istinti di simpatia ed egoismo. Io trovo buono ciò che serve ad un fine, ma il «fine buono» è un'assurdità. Infatti si dice ovunque 'buono a che cosa?'. Buono è sempre nient'altro che un'espressione per un mezzo. Lo scopo buono è il mezzo buono per uno scopo. [...] Non sarà mai possibile determinare il valore della moralità adoperando per essa un metro, per esempio l'utilità (oppure la felicità); anche l'utilità deve infatti essere misurata su qualcosa – sempre relazioni: il valore assoluto è un'assurdità (Nietzsche, 1880, cit. In Fornari, 2006, p. 145).

Per Nietzsche, come afferma in *Aurora,* i sentimenti morali possono venire trasmessi, ma solo sottoforma di forti tendenze di propensione e antipatia, non è tanto il sentimento che si eredita, quanto giudizi e apprezzamenti di valore, che fungono da base per una successiva valutazione,

L'autore, inoltre introduce, il sentimento della paura come essenziale per l'adattamento:

> I bonari hanno acquisita l'indole loro attraverso la paura costante dei loro progenitori hanno avuto di ignote aggressioni: essi mansuefecero, placarono, si inchinarono, distrassero, adularono, si fecero piccini, nascosero il dolore, il disgusto, ricomposero subito i tratti del viso, e infine lasciarono in eredità ai loro figli e nipoti tutto questo delicato e armonizzato meccanismo (Nietzsche, 1878-1880, cit. in Fornari, 2006, p. 155).

In *Aurora* Nietzsche arriva alla sua conclusione «etica non è nient'altro che obbedienza ai costumi, di qualunque specie possano essere»:

> Il costume si è introdotto dovunque come volontà divina, si è posto sotto la preotezione della terribilità degli dèi e di punizioni demoniache; di modo che essere immorale significherebbe: non temere l'infinitamente terribile (Nietzsche, 1880, cit. in Fornari, 2006, p. 207).

In conclusione, per Nietzssche non esiste in realtà nessuna morale o etica che favorisce il singolo, in prima istanza perchè la morale del gregge non può favorire, per così dire, una realizzazione personale dell'individuo, in seconda istanza perchè in ogni morale, dettata dallo spirito del gregge, sono in realtà celati gli istinti più bassi della natura umana come invidia, egoismo, paura. L'etica e la morale non possono fare innalzare l'uomo, anche perchè le situazioni personali sono diverse le une dalle altre. Il pensiero di Nietzsche, che aveva rifiutato per l'appunto di scrivere una nuova morale, trova compimento nella volontà di potenza, che, a differenza della volontà di Schopenhauer, non è adibita a portare avanti la specie, ma all'innalzamento di alcuni uomini, pensiero che oggi potremmo interpretare nell'ottica della realizzazione personale dell'uomo moderno.

Conclusioni

Questo scritto ha voluto mettere in evidenza il fatto che la filosofia antropologica sia l'anima della psicologia.

Le esigenze che hanno portato negli anni il distacco della psicologia dalla filosofia sono da ricercarsi, probabilmente, nella scarsa praticità che può avere per un ipotetico studioso la ricerca dell'immensa bibliografia presente nella storia, preferendo, per esempio per l'analisi di un costrutto, semplificare analizzando le sue implicazioni pratiche nell'immediato.

Il rischio è quello di banalizzare concetti antichi quanto la storia dell'uomo o di incorrere nella stesura di idee che sembrano originali, ma riprendono solamente concetti già noti. D'altronde credo sia importante conoscere la storia perchè, in fondo, quale innovazione ci può essere se non una mediocre ripetizione di tutto quello che è stato scritto in passato da chi non la conosce.

Il linguaggio metaforico usato da autori come Ribot e Nietzsche risulta, a mio avviso, molto utile per non banalizzare i concetti, cosa che proprio Nietzsche auspicava arrivando ad esaltare la forma del linguaggio poetico, come nella Tragedia Greca, che può rivelare significati più profondi rispetto al linguaggio scientifico.

Lo scritto si è, quindi, posto l'obiettivo di costruire un ponte fra scienza e filosofia, dimostrando, come in realtà l'una non possa fare a meno dell'altra. Inoltre, gli sviluppi clinici degli studi di autori come Janet possono fornire un valido aiuto a chi oggi si avvicina allo studio dei disturbi dissociativi e delle identità multiple.

Bibliografia

Binet A. (1892). *Les altérations de la personnalité.* Paris: F. Alcan

Bodei R. (2009). *Destini personali. L'età della colonizzazione delle coscienze.* Milano: Feltrinelli

Craparo G. (2013). *Il disturbo post-traumatico da stress.* Roma: Carrocci editore e Bussole

Craparo G. (2015). *Inconsci, coscienza e desiderio. L'incertezza in psicoanalisi.* Roma: Carrocci editore

Craparo G., Ortu F. (2016). Introduzione. In P. Janet, *Trauma, coscienza e personalità. Scritti clinici* (pp. XIII-XXVIII). Milano: Cortina

Fornari M.C (2006). *La morale evolutiva del gregge. Nietzsche legge Spencer e Mill.* Pisa: Editori ETS

Janet P. (1889). *L'automatisme psychologique.* Paris: Alcan

Janet P. (1903). *Les obsessions et la psychasthénie.* Paris: Alcan

Janet P. (2016). *Trauma, coscienza e personalità. Scritti clinici.* Milano: Cortina

Llàcer T. (2015). *Nietzsche. Il superuomo e la volontà di potenza.* Milano: Hachette

Nietzsche F. (1996). *Al di la' del bene e del male.* Cerbara – Città di Castello (PG): Libritalia

Nietzsche F. (2016). *Così parlò Zarathustra.* Milano: hachette

Nietzsche F. (1993). *Opere 1882-1895.* Roma: Newton Compton

Pollo M. (2008). *Manuale di pedagogia generale. Fondamenti di una pedagogia culturale dell'anima.* Milano: FrancoAngeli

Ribot T. (1907). *Essay sur les passions.* Paris: Baillère

Ribot T. (1881). *Les maladies de la mémorie.* Paris: Baillère

Ribot T. (1885). *Les maladies de la personnalité.* Paris: Baillère

Siti internet

Binet, Alfred. *In Treccani, la cultura italiana.* Disponibile in: http://www.treccani.it/enciclopedia/alfred-binet/

Janet, Pierre. *In Treccani, la cultura italiana.* Disponibile in: http://www.treccani.it/enciclopedia/pierre-janet/

Ribot, Théodule- Armand. . *In Treccani, la cultura italiana.* Disponibile in: http://www.treccani.it/enciclopedia/theodule-armand-ribot/

yes

I want morebooks!

Buy your books fast and straightforward online - at one of world's fastest growing online book stores! Environmentally sound due to Print-on-Demand technologies.

Buy your books online at
www.morebooks.shop

Compra i tuoi libri rapidamente e direttamente da internet, in una delle librerie on-line cresciuta più velocemente nel mondo! Produzione che garantisce la tutela dell'ambiente grazie all'uso della tecnologia di "stampa a domanda".

Compra i tuoi libri on-line su
www.morebooks.shop

KS OmniScriptum Publishing
Brivibas gatve 197
LV-1039 Riga, Latvia
Telefax: +371 686 204 55

info@omniscriptum.com
www.omniscriptum.com

MIX
FSC C105338

Printed by Books on Demand GmbH, Norderstedt / Germany

Printed by Books on Demand GmbH, Norderstedt / Germany